Daniela Blickhan/Isolde Seidel

Mama, die Schule nervt mich!

HERDER / SPEKTRUM

Band 4719

Das Buch

Kinder sind von Natur aus wißbegierig und neugierig; sie möchten etwas lernen, am liebsten jeden Tag wieder etwas Neues. Warum ist dies oft plötzlich mit dem Schuleintritt zu Ende? Was kann Kindern helfen, mit den Schwierigkeiten und Problemen, die sie täglich von der Schule mit nach Hause bringen, möglichst gut klarzukommen? Hier entwickeln zwei NLP-Fachfrauen, eine davon selbst Mutter von Schulkindern, ein wirksames Konzept, wie Eltern sich und ihren Kindern bei Schulschwierigkeiten helfen können. Die Autorinnen zeigen anhand praktischer Beispiele, wie es mit Hilfe von NLP möglich ist, die stets vorhandenen Ressourcen des Kindes zu entdecken und aktiv zu nutzen. Schulprobleme wird es immer wieder mal geben; aber sie lassen sich lösen.

Die Autorinnen

Daniela *Blickhan* ist Diplompsychologin und Mutter von zwei Kindern. Sie arbeitet als Psychologin in eigener Praxis. Als NLP-Lehrtrainerin leitet sie gemeinsam mit ihrem Mann Claus Blickhan das INNTAL INSTITUT für NLP. Fortbildung in Gestalt- und Gesprächspsychotherapie, köperorientierter Psychotherapie und Yoga. Bisher sind von ihr erschienen: *„Denken, Fühlen, Leben. Vom bewußten Wahrnehmen zum kreativen Handeln mit NLP“*, eine leichtverständliche Einführung in NLP mit zahlreichen praktischen Anwendungsbeispielen (mvg, 5. Auflage 1996), *„Mit Kindern wachsen. NLP im Alltag“*, ein Elternratgeber bei Junfermann, der bereits im ersten Jahr in die 2. Auflage kam. Bei Herder/Spektrum: *„Nerv nicht so, Mama!“* (Band 4535).

Isolde *Seidel* unterrichtete Englisch, Latein und Altgriechisch. Sie übersetzt NLP-Fachbücher und Bücher über psychosomatische Medizin. Sie ist Heilpraktikerin und NLP-Master, und arbeitet in eigener Praxis in Nürnberg.

Daniela Blickhan/Isolde Seidel

Mama, die Schule nervt mich!

Wie Eltern ihren Kindern und sich selbst mit NLP helfen können

Herder
Freiburg · Basel · Wien

Die Kinderzeichnungen des Innenteils stammen von Sandra Blickhan, 8 Jahre.

Gedruckt auf umweltfreundlichem, chlorfrei gebleichtem Papier

Originalausgabe

Satz: Rudolf Kempf, Emmendingen
Herstellung: Freiburger Graphische Betriebe 1999
Umschlaggestaltung: Joseph Pölzelbauer
Umschlagmotiv: © Gertie Burbeck
ISBN 3-451-04719-5

Inhalt

Einleitung

Schule ist ein Reizthema:
„Hier beginnt der Ernst des Lebens."
„Nicht für die Schule, für das Leben lernen wir."
„Der Schulabschluß bestimmt, wieviel Erfolg ein Kind im Leben haben wird."

Das sind nur einige Zitate, die zeigen, welche Bedeutung die Schule für Eltern und Kinder haben kann. Das Thema Schule betrifft uns alle: zunächst als Schüler, später als Eltern von Schulkindern und vielleicht auch beruflich, wenn wir im pädagogischen Bereich arbeiten. Wohl kaum ein anderes Thema ist so mit Gefühlen, Erwartungen, Wünschen, Hoffnungen und Konflikten beladen. Was können Eltern tun, wenn die Schule ihre Kinder nervt? Kleine Kinder lernen mit Spaß und Freude – warum soll das bei Schulkindern plötzlich anders werden? Eltern können sich selbst und ihre Kinder dabei unterstützen, Freude am Lernen und Spaß an der Schule zu haben. Dieses Buch will neue Wege zeigen, um mit problematischen Situationen anders umzugehen. Sie lernen, eingefahrene Situationen auch einmal auf ganz andere Weise zu betrachten, und so neue Lösungsansätze zu entdecken. Bei Problemen in der Schule geht es nicht darum, unsere Kinder zu ändern, so daß sie sich möglichst stromlinienförmig ins System einfügen. Wenn wir Kinder dabei unterstützen, ihre eigenen Stärken zu erkennen und zu entwickeln, gehen sie ihren Weg selbständig und mit Freude – nicht nur in der Schule. Und das tut allen Beteiligten gut: Schülern, Eltern und Lehrern.

Schule ist ein zentrales Thema in der Familie, denn die Schule beeinflußt das Familienleben vom ersten Schultag unserer Kinder an.

- Der Lebensrhythmus ändert sich und wird spätestens jetzt regelmäßig, denn die Schule beginnt pünktlich um 8 Uhr. Keine gleitende Anfangszeit mehr wie im Kindergarten, wo man auch mal etwas später kommen konnte, wenn das Kind am Abend zuvor nicht rechtzeitig ins Bett gekommen war. Ferien bekommen jetzt eine große Bedeutung, denn nur sie ermöglichen „größere" Aktivitäten oder Urlaub. Deshalb muß die Schule in die Jahresplanung der Familie frühzeitig mit einbezogen werden.
- Hausaufgaben müssen gemacht werden – auch wenn draußen die Sonne lacht oder Freunde zum Spielen rufen. Eine Grundschullehrerin beschrieb mir die Situation mit folgenden Worten: „Am Schulanfang sind die Kinder ganz stolz auf ihre Hausaufgaben, und sie werden sorgfältig und mit Feuereifer gemacht. Der Eifer flaut im Lauf des ersten Schuljahrs schon etwas ab – und er endet spätestens dann, wenn die Kinder begreifen, daß die Hausaufgaben nicht wieder aufhören, sondern sie nun über viele lange Jahre begleiten werden!"
- Eine neue Bezugsperson tritt in das Leben des Kindes: die Lehrerin oder der Lehrer, mit der/dem das Kind sehr viel Zeit verbringt. In den ersten Grundschulklassen kennen die Eltern die Lehrkraft ihres Kindes vielleicht noch persönlich und können sich ein Bild machen, was das für ein Mensch ist. So können die Eltern mit den Erzählungen des Kindes mehr verbinden, denn sie kennen die Lehrerin selbst. In höheren Klassen erfahren die Eltern oft nur den Namen des Lehrers – und haben nur sehr begrenzte Möglichkeiten, eigene Informationen zu sammeln, welche Persönlichkeit sich dahinter verbirgt und wie dieser Lehrer mit ihrem Kind umgeht.
- Eltern sind im Schulalltag ihrer Kinder immer auch Betroffene. Sie gehen zwar nicht selbst in die Schule, doch gerade schwierige Schulerlebnisse ihrer Kinder lassen die eigenen Schulerfahrungen der Eltern wieder ganz lebendig werden – und häufig in einer Weise, die es beiden nicht gerade erleichtert, mit der aktuellen Schulsituation ihrer Kinder umzugehen. Viele Eltern fühlen sich zum „Hilfslehrer" umfunktioniert, wenn sie ihren Kindern nachmittags stundenlang bei

Hausaufgaben und Fragen helfen sollen. Einerseits schmeichelt es natürlich, wenn man gebraucht wird, andererseits ist es nicht Aufgabe der Eltern, zu Hause regelmäßig den Schulstoff mit ihren Kindern nachzuarbeiten.

„Was habt ihr denn heute in Mathe auf", fragt eine Mutter die andere? „Wir müssen das Einmaleins üben", lautet die Antwort. – Wer ist „wir" und welche Bedeutung hat diese Identifikation der Eltern für die Kinder und für den Rest der Familie?

Diese und ähnliche Fragen werden wir in diesem Buch von verschiedenen Seiten beleuchten, so daß Sie neue Ansatzpunkte für Ihren ganz persönlichen Familienalltag finden können. In diesem Buch finden Sie keine Patentrezepte. Unser Ziel ist es, Ihnen verschiedene Möglichkeiten zu zeigen, wie Sie gemeinsam mit Ihrem Kind neue Wege aus bestehenden Sackgassen finden können.

Im **ersten** Teil geht es um die Basis für den Schulerfolg (Motivation und Ziele) und die Grundlagen für ein harmonisches Miteinander in der Familie (Kommunikation und eigene Klarheit). Was haben unsere Erfahrungen aus der eigenen Schulzeit damit zu tun, wie wir heute mit unseren Kindern und dem Thema Schule umgehen? Auch dieser Frage werden wir nachgehen.

Im **zweiten** Teil werden konkrete Themen besprochen, wenn's mit der Schule schwierig wird: Konzentration und Entspannung, Hausaufgaben, Lernen und Prüfungsvorbereitung. Sie erhalten zahlreiche Lösungsansätze, die Sie gemeinsam mit Ihrem Kind im Alltag umsetzen können. Und zwei Schulkinder begleiten Sie in Form einer Geschichte: Anna Anders und Benedikt erzählen Ihnen, wie Lernen Spaß machen kann.

Daniela Blickhan

Teil I: Grundlagen für den Schulerfolg

Kapitel 1

„Ich hab keine Lust!"

Motivation im Familienalltag

Warum beginnt dieses Buch, in dem es um die erfolgreiche Bewältigung von Schwierigkeiten rund um die Schule geht, mit dem Thema Motivation?

Motivation ist eines der Schlagworte unserer Zeit. Eltern wollen ihre Kinder dazu motivieren, daß sie Erfolg in der Schule haben und so ihren späteren Lebensweg auf ein solides Fundament stellen. Lehrer versuchen, Schüler zu besserer Leistung zu motivieren. Und doch wird andererseits immer wieder über die mangelnde Motivation einer ganzen Generation geklagt: Die „Null Bock"-Haltung der heutigen Jugend wird als gesellschaftliches Problem der neunziger Jahre diskutiert. Welchen Stellenwert hat Motivation im Bereich Familie und Schule? Wie können wir als Eltern einer „Null Bock"-Haltung bei unseren Kindern vorbeugen? Wer motiviert eigentlich wen? Wie können wir unsere Kinder dabei unterstützen, daß sie sich zu eigenverantwortlichen und selbst-motivierten Menschen entwickeln?

Motivation – was ist das eigentlich?

Nehmen wir den typischen Fall, daß ein Kind seine Hausaufgaben wenn überhaupt, dann lustlos erledigt, nicht lernt und Schule insgesamt als lästiges Problem betrachtet. In dieser Familie wird Schule bald zum Reizthema und zum Anlaß vieler aufreibender Auseinandersetzungen. Vielleicht fühlt sich die Mutter mitverantwortlich für die Einstellung ihres Kindes und setzt sich tagtäglich bei den Hausaufgaben dazu, treibt an, bittet, schimpft – und die Negativ-Spirale dreht sich jeden Tag weiter.

Wenn man das Kind fragen würde, was es denn von Hausaufgaben und Schule hält, bekäme man als Antwort etwa folgendes: „Gar nix – aber man muß es halt machen." Das Kind möchte also die lästige Pflicht möglichst schnell hinter sich bringen. Sie merken vielleicht schon, worauf es hinausläuft, dieses Verständnis von Motivation als treibende Kraft weg von etwas, das wir nicht wollen: Dadurch ist das Kind sozusagen auf der Flucht vor dem Negativen – doch wie wird sich das Kind dabei fühlen? Es wird wohl kaum mit Freude und innerer Beteiligung an der Arbeit sein.

Läßt sich also gar nichts tun, um ein Kind dabei zu unterstützen, daß es motiviert und mit Freude den Schulalltag meistert? Doch: Möglichkeiten gibt es eine ganze Menge, wenn wir nur unseren Blickwinkel ein wenig verändern. Motivation ist wesentlich mehr als „Weg vom Negativen". Neuere Ansätze, die uns praktische Möglichkeiten auch im Alltag eröffnen, verstehen Motivation im Zusammenhang mit Zielen und Interessen. Nicht das negativ Erlebte treibt uns weg, sondern das Ziel zieht uns an. Auf dieser Grundlage bekommen Ziele und Anreize eine wichtige Bedeutung, denn sie haben direkt mit persönlichen Interessen zu tun.

Und hier kommen wir direkt wieder beim Thema Schule an: Nehmen wir das Beispiel eines „Null Bock-Schülers": Er hat keine Lust und verweigert sich. Antreiben wird in seinem Fall wenig erfolgsversprechend sein, denn es verstärkt seine ablehnende Haltung nur noch mehr. Für alle Beteiligten sinnvoller ist es, den Schüler dabei zu unterstützen, daß er lernt, seine eigenen Ziele zu finden. Wenn er diese erkennt und Schritt für Schritt verfolgt, geht es für ihn plötzlich um wesentlich mehr als nur „die doofe Schule, die ja doch keinen Spaß macht". Ein Erstkläßler, der keine Lust zum Lesenlernen hat, sieht die vielen fremden Buchstaben vielleicht in einem anderen Licht, wenn er zum Beispiel den Einkaufszettel für das Wochenende oder für ein Kinderfest schreiben darf. Wenn er bereits lesen kann, könnte er sich auch einmal selbst das Fernsehprogramm vornehmen und eine Wunschliste mit Sendungen schreiben, die er in der nächsten Woche anschauen möchte (natürlich in Abstimmung der zeitlichen Dauer mit den Eltern...). Unsere Kinder sind oft so gefangen im engen Rahmen der Schule, die ja „sowieso doof" ist, daß sie den eigentlichen Sinn und Zweck des Lernens aus den Augen verlieren. Mit kleinen praktischen Brücken zwischen Schulinhalt und Alltag können wir ihnen das Schüler-Leben erleichtern. Im weiteren Verlauf dieses Kapitels werden wir uns immer wieder genau mit diesen praktischen Anwendungen beschäftigen. Vielleicht haben Sie ja jetzt bereits eine Idee, wie Sie ihr Kind dabei unterstützen können, seinen eigenen Sinn im einen oder anderen Lerninhalt zu finden?

Motivation – unser innerer Entwicklungs-Motor

Motivation ist eine der Grundlagen, die uns bereits in die Wiege gelegt sind, denn die Fähigkeit, daß wir uns immer weiterentwickeln wollen, ist uns angeboren. Bei Kindern wird das besonders deutlich sichtbar. Die Energie selbst und der Wunsch nach Weiterentwicklung ist in den Kindern bereits von Geburt an da. Das Laufen oder Sprechen zum Beispiel muß man keinem Kind beibringen, denn der Antrieb zu diesen und anderen umfassenden Entwicklungsschritten liegt ausschließlich im Kind selbst. Eltern können diese natürliche Entwicklung auf zweierlei Weise unterstützen: Einerseits können sie ihren Kindern Schritt für Schritt dabei helfen, daß sie lernen, ihre eigene, natürliche Energie zu kanalisieren und sinnvoll einzusetzen. Andererseits – und das ist nicht zu unterschätzen – ist wichtig, daß Eltern ihren Kindern nicht im Weg stehen. „Laß das mal lieber, dazu bist du noch zu klein!" „Vorsicht, daß dir nichts passiert!" „Das kannst du doch noch nicht, laß mich das mal machen – dann geht es auch schneller!" Sätze, die wir immer wieder von Erwachsenen hören, die es sicher gut mit dem Kind meinen. Doch welche Wirkung haben solche Botschaften auf das Kind? Wenn sie regelmäßig wiederkommen, bremsen sie Entdeckungsfreude, Neugier, und damit die Urform der Motivation. Sicher gibt es Situationen, in denen es höchst angemessen ist, Entdeckungsfreude zu bremsen – speziell im Straßenverkehr, bei Elektrizität, Feuer oder ähnlich „brenzligen" Situationen. Doch überlegen Sie einmal, wie oft Sie solche „Bremser-Sätze" aus Gewohnheit, Bequemlichkeit oder Gedankenlosigkeit aussprechen – und fragen Sie sich ehrlich: War das jetzt wirklich nötig? Oder ginge es auch anders?

Die große Chance im Leben mit Kindern ist, daß wir Erwachsenen wieder lernen können, was Motivation eigentlich ist. Ein Kind, das mit Hingabe Steine sammelt und in jedem Straßenkiesel einen Edelstein sieht, tut das aus „Spaß an der Freude" und ist mit ganzem Herzen dabei. Dieses „Aufgehen im Augenblick" würde auch uns Erwachsenen wohltun. Die Psychologie hat einen eigenen Namen dafür gefunden: das Flow-Gefühl, in dem wir die Zeit vergessen und ganz aufgehen in dem, was wir tun. Von Kindern können wir das täglich lernen.

Viele Entwicklungsprozesse laufen also von selbst, wenn ihnen dazu Raum gegeben wird. Laufenlernen, Sprechenlernen, Autonomie und Ablösung von den Eltern – der Antrieb für diese Prozesse kommt aus dem Kind selbst. Es ist kein Anstoß von außen notwendig. Denken Sie zum Beispiel an ein Kind, das gerade laufen lernt. Als Erwachsene müssen wir seine Ausdauer und Energie einfach bewundern. Das Kind steht auf, schwankend zwar, doch es steht. Dann macht es einen vorsichtigen Schritt – und fällt um, weil es das Gleichgewicht verloren hat. Wie viele solcher Versuche würden wir Erwachsene machen, bevor wir müde werden oder erst einmal aufhören wollten? Kinder sind hier wirklich unermüdlich. Das kleine Kind, das laufen lernt, fällt unzählige Male hin und rappelt sich doch sofort wieder auf, um es gleich noch einmal zu probieren. Vielleicht klappt es ja diesmal, und das Kind bleibt auf seinen wackeligen Beinen stehen? Und wenn es dann geschafft ist, leuchten die Augen. Das Kind ist stolz auf sich und seinen Erfolg.

Allerdings läuft nicht die gesamte kindliche Entwicklung so „automatisch" ab. Ausgerechnet die Motivation zu so praktischen und vernünftigen Dingen wie tägliches pünktliches Aufstehen oder zur regelmäßigen und sorgfältigen Erledigung der Hausaufgaben scheint nicht angeboren zu sein – zum Leidwesen vieler Eltern und Lehrer!

Motivation: Positive und negative

Gehen wir also davon aus, daß wir unsere Kinder zu bestimmten Handlungen motivieren möchten, was ja die alltägliche Erziehungspraxis ist. Kinder sollen zum Beispiel lernen, rechtzeitig aufzustehen, um pünktlich in die Schule zu kommen.

Florian geht in die dritte Klasse und spielt gerne Fußball. Schon immer hatte er Schwierigkeiten damit, morgens aus dem Bett zu kommen. Wenn er dann aufgestanden war, träumte er mit offenen Augen vor sich hin und brauchte lang und länger zum Anziehen. Die Mutter hat sich deshalb angewöhnt, ihn morgens zu wecken und dann nach 10 Minuten energisch zu werden: „Steh jetzt endlich auf, sonst kommst du noch zu spät in die Schule!“ Florian hört offensichtlich nicht zu, deshalb wiederholt sie ihre Ermahnung noch einmal mit lauterer Stimme. Sie ist ärgerlich und genervt und kündigt ihm die unangenehmen Folgen an, die auf ihn zukommen, wenn er jetzt nicht endlich aufsteht. Schließlich quält sich der Junge widerwillig aus dem Bett und frühstückt dann morgenmuffelig und schlecht gelaunt einige Bissen. Die Mutter, die ohnehin schon genug hat vom morgendlichen Aufsteh-Ritual, hält ihm noch eine Rede über die Folgen von Mangelernährung, und am Frühstückstisch gibt ein Wort das andere. Der Abschied ist denkbar kühl, und Florian macht sich lustlos und genervt auf den Schulweg.

Was hat diese kurze Szene mit Motivation zu tun? Die Mutter hat Florian mehrfach auf negative Folgen hingewiesen. Der Junge, der so gemahnt wird, denkt also zuerst an die unangenehmen Folgen seines Handelns. *„Wenn ich jetzt noch länger* *liegenbleibe, komme ich zu spät. Mama ist dann sicher wieder sauer, und das Frühstück schmeckt mir so auch nicht. Dann muß ich mich abhetzen, und der Lehrer wird auch noch schimpfen. Keine Zeit zum Reden mehr mit meinen Freunden...*" Wie wirken sich diese Gedanken für Florian aus? Wird er so leichter aufstehen oder besser gelaunt den Tag beginnen?

Unsere Gedanken und Gefühle sind eng miteinander verbunden. Eins beeinflußt das andere und umgekehrt. Wenn Florian daran denkt, daß er sich abhetzen muß und der Lehrer dann wahrscheinlich schimpft, wird jeder dieser Gedanken von einem entsprechenden Gefühl begleitet – und diese Gefühle sind sicher nicht von der angenehmsten Sorte. In Gedanken sieht Florian den schimpfenden Lehrer vielleicht schon vor sich. Ebenso kann er die ärgerliche Stimme des Lehrers möglicherweise schon hören, und dabei spürt er genau dieses Gefühl in der Magengrube, das ihm sagt, daß er jetzt bestimmt nicht aufstehen will.

Was sind eigentlich diese Gedanken? Wie kommt es, daß manche Gedanken so unmittelbar „spürbar" sind? Wir Menschen denken auf unsere eigene Weise, und die hat viel damit zu tun, wie wir die Welt wahrnehmen, in der wir leben. Wir Menschen können die Welt sehen, hören, fühlen, schmecken und riechen. Diese Wahrnehmungen verarbeiten wir innerlich, und sie beeinflussen unser Erleben und unser Verhalten. Wir können auf verschiedene Weise denken: in Bildern, in Worten und Klängen und in Gefühlen. Unser inneres Erleben hat deshalb viele Facetten, und alles zusammen wirkt schließlich in einer bestimmten Weise auf unser Verhalten. Denken Sie einmal an Ihre eigene Schulzeit: Wenn Sie sich an ein schönes Ereignis von damals zurück erinnern – was sehen Sie vor Ihrem inneren Auge? Welche Bilder gehören zu diesem Gedanken? Was gibt es außerdem zu hören, welche Worte, Töne und Geräusche? Und wie haben Sie sich damals gefühlt? Was gibt es bei diesem Gedanken für innere Empfindungen, welche Gefühle schwingen mit? Wenn Sie sich ein wenig Zeit dabei lassen, werden Sie merken, daß unsere Gedanken mit allen Sinnen beschreiben können. Bei vielen Gedanken, speziell an frühe Schul- oder Kindergartenzeit, spielt übrigens auch der Geruchssinn eine wichtige Rolle. Kennen Sie auch den speziellen Geruch aus „Schulmief", Bohnerwachs und Gummistiefeln, der „Schule" heißt?

Zurück zu Florian, der morgens schwer aus dem Bett kommt: Seine Gedanken sind in diesem Fall mit negativen Gefühlen, inneren Bildern (Lehrer), Worten (schimpft), und Klängen (genervter Tonfall) gekoppelt, die alle zusammenwirken. Florian steht schließlich auf, weil er den negativen Folgen ausweichen möchte, die weiteres Liegenbleiben mit sich bringen würde. Die Frage ist, ob er den Tag so gut gelaunt beginnt. Wahrscheinlich steht er eher bedrückt, ärgerlich und unmutig auf. Die Motivation in diesem Fall wirkte zwar – Florian ist ja schließlich aufgestanden –, doch es war offensichtlich eine negative Motivation. Negativ heißt in diesem Fall nicht „wirkungslos", sondern „an den negativen Folgen orientiert". Florian steht auf, weil es letztendlich das kleinere Übel ist – doch es bleibt ein Übel.

Gibt es eine andere Möglichkeit? *„Hallo, Florian – guten Morgen. – Zeit zum Aufstehen. Komm aus den Federn, dann können wir gemütlich frühstücken."* Diese Inhalte sind mit positiven Gefühlen, Bildern und Gedanken gekoppelt, denn sie handeln von schönen Dingen. Zeit haben, gemütlich frühstücken, mit Freunden reden – dafür lohnt sich das Aufstehen schon eher. In diesem Fall wird Florian den Tag sicher besser gelaunt beginnen. Vielleicht kann er ja noch kurz bei seinem Fußball vorbeigehen und ein paar Schüsse trainieren?

Ein anderes Beispiel aus unserer eigenen Familie: Unsere siebenjährige Tochter ist vom Typ her auch ein typischer Morgenmuffel, nach dem Motto „Rede mich vor 9 Uhr morgens bloß nicht im falschen Ton an!" Weil sie sich mit dem Aufwachen schwer tat, besorgte sie sich einen dynamischen, lauten Musikwecker. Sie wollte selbständig aufstehen und nicht von einer Mutter geweckt werden, die meist um diese frühe Stunde nicht den richtigen Ton trifft, weil sie selbst auch noch nicht in Hochform ist... Doch leider bewirkte die morgendliche Dynamik des Weckers genau das Gegenteil: Sandra erschrak bei dem Krach und war daraufhin morgens noch schlechter gelaunt. Auf die Lösung kam Sandra selbst: Sie „lieh" sich mein Weckradio aus, das ein Cassettenteil hatte, und suchte sich eine sanfte, leise Musik aus. Mit dieser wacht sie seit einem Jahr jeden Morgen sanft auf. Das morgendliche Familienleben hat sich seitdem deutlich harmonisiert...

Gibt es andere Möglichkeiten, einen Morgenmuffel zu motivieren? Neben den angenehmen Dingen, wie z. B. dem richtigen Weck-Ritual, ist auch Regelmäßigkeit entscheidend. Unsere Kinder haben sich angewöhnt, am Abend vorher ihre Kleider für den nächsten Tag bereitzulegen. Damit brauchen sie vor dem Frühstück nicht zu denken, sondern nur in die Kleider zu steigen. Bis sie zum Frühstück kommen, sind sie in der Regel soweit wach, daß normale Kommunikation möglich ist.

Mit Schulkindern kann man solche Rituale für Morgen oder Abend gut besprechen und gemeinsam herausfinden, wie es am besten klappt. Rituale und Regelmäßigkeit leisten übrigens auch bei den Hausaufgaben sehr gute Dienste.

Positive Motivation: So geht's besser

Wir können also zwei Arten der Motivation unterscheiden, die positive und die negative.

Zwei Arten der Motivation

Positiv	**Negativ**
hin zum Angenehmen	weg vom Unangenehmen
Richtung geben	bremsen, zurückhalten
Ziel	Problem
Positive Auswirkungen	negative Folgen
Lust, Freude	Angst, Druck, Zwang
Wunschbild	Schreckensbild

Positive und negative Motivation

Positive Motivation bei Kindern ist aus zwei Gründen wichtig. Erstens wirkt sie besser, schneller und sicherer als die negative Variante. Zweitens – und das ist ganz entscheidend – fördert positive Motivation die persönliche Entwicklung wesentlich mehr. Wir lenken unseren Blick auf das, was wir erreichen wollen und bekommen Lust, es anzupacken. Außerdem ist das mit angenehmen Gefühlen verbunden. Negative Motivation arbeitet mit unserer Angst vor unangenehmen Folgen, mit Drohungen und Schreckensbildern. Das gilt natürlich nicht nur für Kinder! Wenn Sie schon einmal abnehmen wollten – mit welcher Motivation haben Sie es versucht? „Ich muß jetzt endlich abnehmen, sonst sehe ich ja gräßlich aus. Die Hose paßt auch schon nicht mehr, und ich fühle mich so richtig dick." „Ich möchte schlank sein und werde nur noch soviel essen, wie ich wirklich brauche. Dann fühle ich mich wohl, habe Lust, wieder Sport zu treiben und schaue mich gerne im Spiegel an." Lesen Sie sich diese Sätze einmal laut vor, und prüfen Sie Ihre Reaktion darauf. Wo bekommen Sie mehr Lust, Ihre Eßgewohnheiten zu ändern?

Kinder lernen durch unser Vorbild. „Laß das!" „Hör auf, sonst...!" „Stell dir mal vor, was passiert, wenn du (nicht)..." Ein Kind, das vorwiegend negativ motiviert wird, übernimmt diese Form der Motivation über kurz oder lang für sich selbst. Erlebt das Kind aber immer wieder, wie seine Eltern positiv motivieren (über angenehme Konsequenzen und Ziele), geht ihm diese Art der Selbstmotivation in Fleisch und Blut über.

Hören Sie sich für eine bestimmte Zeit einmal aufmerksam zu: Wie reden Sie mit Ihrem Kind? Überwiegt die positive oder die negative Form der Motivation? Machen Sie sich keine Vorwürfe, wenn Sie sich bei vielen negativen Beispielen ertappen. So wurden wir in der Regel selbst erzogen, und so funktioniert – leider – bisher unsere Gesellschaft.

Es geht nicht darum, negative Motivation um jeden Preis zu vermeiden, denn das wäre ja die negativ motivierte negative Motivation! Freuen Sie sich statt dessen, wenn Ihnen solche negativen Beispiele auffallen, denn hier haben Sie Lernchancen für sich selbst entdeckt. Bewußtes Wahrnehmen ist der erste Schritt. Erst danach können Sie an Veränderungen gehen. Überlegen Sie sich beispielsweise in einer ruhigen Minute einmal einige Ihrer „Lieblings-Streit-Themen" mit Ihrem Kind, und finden Sie hier Möglichkeiten, sich selbst und Ihr Kind positiv zu motivieren. Sie werden selbst merken, daß Sie Lust bekommen, das praktisch auszuprobieren. Lassen Sie sich überraschen, wie Sie so manche eingefahrene Situation verändern können.

Motivation – Marke Eigenbau

Positive Motivation wirkt direkter und angenehmer, denn es werden positive Konsequenzen angesprochen. Sie hat noch einen anderen Vorteil, der gerade für Eltern ganz entscheidend sein kann: Positive Motivation macht allen Beteiligten mehr Spaß.

Was tun, wenn die positive Motivation nicht da ist? Wenn das Kind gar keine Lust hat oder mit Angst, Ärger, Unmut an Schule und Hausaufgaben herangeht? Ein Kind, das aus Angst vor schlechten Noten lernt, wird mit negativen Gefühlen am Schreibtisch sitzen. Es wird zum Lernen länger brauchen, denn es hat ja nebenbei auch noch seine Ängste aktiviert, und die lenken vom Lernen ab. Es ist wissenschaftlich nachgewiesen, daß wir leichter lernen und das Gelernte besser behalten, wenn wir den Lernstoff mit angenehmen Gefühlen verbinden. Kurz gesagt: Mit Freude und Spaß lernt sich's besser. Nun ist es nicht gerade ein erhebendes Gefühl, das kleine Einmaleins oder die neuen Lernwörter zu pauken. Was dann?

Die Antwort liegt auf der Hand – wenn mir der Lernstoff als solcher keinen Spaß macht, dann suche ich mir andere Wege, wie ich den Stoff mit guten Gefühlen verbinden kann. Möglichkeiten gibt es hier viele:

- Verbindungen herstellen: Wie kann ich aus den Lernwörtern eine spannende Geschichte machen? (Vielleicht mit meiner Lieblingsfigur als Hauptperson.)
- Persönlicher machen: Wenn ich meinem Freund aus dem letzten Urlaub einen Brief schreibe – wie könnte ich dabei diese Lernwörter einbauen?
- Anreize schaffen: z. B. einen Abschnitt in einer bestimmten Zeit lernen und mit der Uhr kontrollieren
- Belohnung: Die Belohnung am Ende, auf die ich mich jetzt schon freue.
- Rollenwechsel: In die Rolle eines Experten zum Thema schlüpfen und einem imaginären Publikum den Stoff vortragen. Kleinere Geschwister übernehmen vielleicht gerne die Rolle des Schülers, dem der „Lehrer" das Einmaleins erklärt.
- . . .

Kinder finden „ihre" Lösung oft einfacher als Sie denken, denn sie haben Spaß daran, Neues auszuprobieren. Dazu ist es allerdings notwendig, daß das Kind erst einmal inneren Abstand gewinnt von den negativen Gefühlen, mit denen es zunächst noch am Schreibtisch klemmt.

„Abstand" ist hier durchaus wörtlich gemeint: Der innere Abstand wird durch äußeren, räumlichen Abstand ganz wesentlich erleichtert. Wenn wir in einem bestimmten negativen Zustand feststecken, „sehen wir den Wald vor lauter Bäumen nicht" und drehen uns gedanklich immer im selben Kreis. Schauen wir dagegen aus der Entfernung, gewinnen wir Abstand, der uns zum besseren Überblick und zu neuen Lösungen verhilft.

Was heißt das nun konkret? Wenn Sie wieder einmal merken, wie sich ihr Kind beim Lernen im Kreis dreht, lust- und mutlos wird und trödelt, träumt oder wütend wird, dann holen sie es vom Schreibtisch weg. *„Komm, wir gehen mal in die andere Ecke hier und schauen uns die ganze Sache von außen an. Stell dir vor, du siehst dich jetzt da drüben am Tisch sitzen... was läuft denn da? Was könnte er/sie (Name des Kindes) denn anders machen, so daß das Lernen leichter klappt?"* So oder ähnlich formuliert, steigen Kinder schnell auf dieses „Gedankenspiel" ein. Wichtig ist, daß Sie auch sehen, daß Ihr Kind seine Haltung verändert hat. Durch das Aufstehen und Bewegen kommt der Körper aus der Blockade in einen anderen Zustand, und dadurch ändert sich auch das gefühlsmäßige Erleben. Das können Sie übrigens ganz einfach selbst ausprobieren: Setzen sie sich einmal mit verkrampften Schultern und gesenktem Kopf an einen Tisch, schauen Sie nach unten – und versuchen Sie dann kreativ und entspannt zu sein. – Dann lockern Sie Ihre Schultern, richten Sie sich auf und schauen Sie geradeaus und leicht nach oben. Wir fühlen Sie sich jetzt? Wie schätzen Sie Ihre Leistungsfähigkeit, Kreativität und Stimmung ein im Vergleich zum ersten Beispiel?

Wenn Sie erst einmal äußeren und inneren Abstand gewonnen haben, gibt es noch eine andere Möglichkeit: Sie können die Situation, in der das Kind gerade eben noch am Tisch gesessen ist, auch als Kinofilm beschreiben. Diesen Film schauen Sie sich nun zusammen mit Ihrem Kind als Zuschauer an. Ihr Kind als Zuschauer oder Regisseur gibt dem Hauptdarsteller im Film bestimmt gerne Tips, was er/sie anders machen könnte.

Als Kurzform nochmal in einem Satz die Erste Hilfe:

Aufstehen, bewegen, kurze Pause – und dann von der anderen Ecke des Zimmers mal zum Schreibtisch schauen: Wie sieht heute meine Lieblingslösung aus?

Motivation – was gehört dazu?

Sie kennen nun negative und positive Motivation und ihre Auswirkungen. Sie wissen, daß es sich mit Spaß leichter lernt. Und trotzdem haben sich die Schwierigkeiten noch nicht in Wohlgefallen aufgelöst... Wir gehen deshalb einen Schritt weiter und betrachten die Faktoren der Motivation und ihre praktischen Schlußfolgerungen für den Alltag.

Unser Engagement und unsere Lust zur Leistung hängen von mehreren Faktoren ab: Erst einmal ist es gut, sich über den Sinn des Ziels klar zu sein („Wollen"), dann zu wissen, wie man das Ziel erreichen kann („Gewußt wie") und entsprechend flexibel zu reagieren und zu handeln („Möglichkeiten nutzen").

Den ersten Aspekt des „Wollens" werden wir von verschiedenen Seiten genau betrachten. „Gewußt wie" und „Möglichkeiten nutzen" bezieht sich mehr auf die konkrete Umsetzung und die Handlungsmöglichkeiten. Weil das genau der Inhalt des zweiten Teils dieses Buches ist, werden wir diese beiden Aspekte hier eher kurz besprechen.

1. Wollen

Wollen bedeutet zunächst einmal „wissen, wofür ich etwas tue". Wer den Sinn eines Lernziels nicht versteht, wird wenig Lust haben, sich dafür anzustrengen. „Nicht für die Schule, für das Leben lernen wir" – wer glaubt das heute noch? Leider müssen unsere Kinder nur allzuoft reines Buchwissen auswendig lernen, ohne daß sie die Möglichkeit haben, ihren persönlichen Sinn dabei zu entdecken. Fächer werden isoliert unterrichtet, und so gehen die fachübergreifenden und sinnstiftenden Zusammenhänge verloren, die den Lernstoff für Kinder lebendig werden lassen.

Lösungsansätze für diese Problematik finden wir glücklicherweise auch schon in der Grundschule. Projekte zu bestimmten Themenschwerpunkten geben Kindern die Möglichkeit, innere Zusammenhänge zu verstehen und zu be-greifen. Ein Projekt zum Thema Lesen in der 2. Klasse kann zum Beispiel aus folgenden Inhalten bestehen: Jedes Kind erzählt etwas über sein Lieblingsbuch und stellt es der Klasse vor. Der Inhalt wird kurz zusammen mit einem gemalten Bild des Titels auf ein Plakat geschrieben. So entsteht eine Bücherausstellung. In Sachkunde geht es dann um das Thema, wie Papier hergestellt wird. Die Kinder dürfen dann schließlich selbst Papier schöpfen. Mit einem Buchhändler gibt es eine Diskussionsrunde, in der sie Neues rund ums Buch erfahren. Und in Mathe könnte man die Rechengeschichten ebenfalls auf das Thema Buch und Verkauf abstimmen. (Dieses Projekt wurde an unserer Schule übrigens über 10 Tage durchgeführt, mit einer „Lesenacht" im Klassenzimmer als krönendem Abschluß.)

Ein **zweiter Aspekt des Wollens** bezieht sich auf die Frage, ob das Kind glaubt, daß es die festgesetzten Kriterien erfüllen kann. Dazu gehört zweierlei: **Kennt das Kind die Kriterien,** die an seine Leistung angelegt werden – weiß es, was verlangt wird? Und **traut es sich die Leistung zu** – glaubt es, das zu schaffen?

Fangen wir mit dem ersten an: Wie hoch hängt die Latte? Weiß das Kind, wie es sie überspringen kann? Hier geht es also um die **Klarheit und Angemessenheit der Kriterien** und Leistungsstandards.

Dazu ein Beispiel: *Julia hat in der dritten Klasse eine neue Lehrerin bekommen. Bisher schrieb sie gerne kleine Geschichten und hatte Spaß am Deutschunterricht. In der drit-*

ten Klasse wird das Schreiben von Aufsätzen nun verstärkt gefordert und auch benotet. Julia bekommt schlechte Noten für ihre Aufsätze und ist darüber enttäuscht. Sie versteht nicht, was sie falsch gemacht hat. Die Bemerkungen der Lehrerin unter ihrem Aufsatz versteht sie nicht – wieso soll sie den Aufsatz denn anders schreiben? Die Lehrerin legt bei der Benotung der Aufsätze Kriterien an, die für Julia nicht transparent sind. Da mehrere Kinder in der Klasse ähnliche Erfahrungen machen, gehen die Eltern zur Lehrerin, um mit ihr über die Angelegenheit zu sprechen. Nachdem die Kriterien offengelegt wurden, nimmt sich die Lehrerin noch einmal Zeit, um sie der Klasse zu erklären.

Neben der Frage, ob die Kriterien klar sind, ist auch ein weiterer Punkt entscheidend: **„Traue ich mir das zu?"** Kinder, die glauben, daß sie einen bestimmten Leistungsstandard nicht erbringen können, werden entweder gleichgültig und ziehen sich auf eine „Null Bock"-Mentalität zurück, oder sie fühlen sich unter Druck, erleben Streß und Ängste. Beide Reaktionen erleichtern ihnen das Leben im Schulalltag nicht gerade.

„Jetzt ist mein Notendurchschnitt schon im Eimer, da brauche ich auch nichts mehr zu tun." „Das schaffe ich doch nie – bestimmt verhaue ich das Diktat wieder."

Dieser Aspekt der Motivation bezieht sich also darauf, wie **zutreffend** die **Selbsteinschätzung** des Kindes ist. Weiß es, was es kann, und schätzt es sich selbst realistisch ein? In der Schule werden leider noch immer mehr Fehler korrigiert statt positive Ansätze verstärkt. Gut gemeinte Bemerkungen am Ende einer Heftseite, die vor rot angestrichenen Fehlern nur so wimmelt, können hier das Gleichgewicht meist auch nicht mehr herstellen. Natürlich ist es Aufgabe der Schule, Fehler zu korrigieren. Doch wo bleibt die Ermutigung der richtigen Ansätze? Sie wird häufig als selbstverständlich übergangen. Hier können Sie als Eltern ihre Kinder unterstützen, indem Sie ihnen helfen, sich **selbst angemessen einzuschätzen.**

Hier liegt allerdings auch gleich eine Herausforderung für Eltern. Ist es ihnen möglich, auch hinter der rot angestrichenen Diktatseite das Kind zu sehen? Oder kratzen sie mit am

Selbstwertgefühl des Kindes, indem sie ihm vermitteln, wieder einmal versagt zu haben? „Das gibt es doch nicht – so viele Fehler!" „Ja, lernst du es denn nie?" „Du bist ja wohl ein hoffnungsloser Fall!" Kommentare wie diese entmutigen ein Kind und geben ihm das Gefühl, nicht gut genug zu sein. Wird das zu stärkerer Motivation beitragen?

Eltern machen solche negativen, entmutigenden Kommentare in der Regel nicht aus bösem Willen. *„Es ist mir einfach so herausgerutscht. Das war schon das dritte Diktat, das vor Fehlern nur so strotzte – obwohl wir soviel geübt haben. Wie soll das nur weitergehen?"* Hier klingt die eigene Frustration durch, am mangelnden Erfolg des Kindes nichts ändern zu können. Häufig steckt dahinter auch ein großer Teil eigener Betroffenheit. Der Erwachsene wird durch die roten Korrekturen unvermittelt wieder an die eigene Schulzeit erinnert. Er macht sozusagen eine „Zeitreise" in seine eigene Kindheit und erlebt die eigenen negativen Gefühle von damals aufs neue. Häufig ist das der Mutter/dem Vater nicht bewußt, doch deshalb sind diese Gefühle nicht weniger wirksam. Sie tragen bei zu einem Gefühl eigener Betroffenheit, der den Blick aufs Kind verstellt. Die Mutter findet im Schulheft ihres Sohnes also nicht nur die Leistung ihres Kindes, sondern gleichzeitig ihre eigenen Schulängste und -sorgen wieder. Der Vater fühlt sich plötzlich als schlechter Schüler, wird dadurch irritiert und läßt das dann an seinem Kind aus. Natürlich nicht aus böser Absicht – denn diese „inneren Zeitreisen", bei denen wir in eigenen, längst vergangenen Gefühlen ankommen, passieren meist unbewußt und blitzschnell. Was können Eltern also tun, wenn sie mit schlechten Leistungen ihres Kindes konfrontiert werden? Ausführlich werden wir die Konsequenzen der eigenen Betroffenheit im letzten Kapitel besprechen: „Auch Eltern waren einmal Schüler..." An dieser Stelle sei deshalb noch einmal ganz deutlich betont, wie wichtig es ist, daß wir als Eltern unsere eigen Betroffenheit klären, damit wir unsere Kinder auch unabhängig vom Thema Schule wahrnehmen. Wenn Eltern einerseits sachlich und lösungsorientiert mit ihren Kindern die Schwierigkeiten besprechen, können sie andererseits das Selbstwertgefühl des Kindes stärken und stabilisieren. Dann stempeln sie ihr Kind nicht als Versager ab, sondern bleiben Partner auf dem gemeinsamen Weg zum Schulerfolg.

Überschätzung der Leistungen des Kindes ist auf Dauer ebenso problematisch wie Unterschätzung. „Wo liegen meine Stärken? Was kann ich gut? Worauf bin ich stolz? Was macht mir Spaß?" Solche und ähnliche Fragen helfen Kindern, ihr Gleichgewicht zwischen Leistung und Persönlichkeit zu finden und stützen das Selbstbewußtsein auch nach einer schlechten Note. Dann bekommt der Satz, daß wir in der Schule für das Leben lernen, neue Bedeutung.

2. Gewußt wie

Wenn ein Kind lernen will, stellt sich als nächstes die Frage nach den entsprechenden **Fähigkeiten und Fertigkeiten.** Ein Kind, dem in der Grundschule alles mehr oder weniger in den Schoß gefallen ist, wird im Gymnasium vielleicht eine Überraschung erleben, wenn es sich plötzlich hinsetzen und für die Schule lernen soll.

Kinder kommen nicht mit einem festen Set an Lern- und Arbeitstechniken zur Welt – wie können sie sich diese dann aneignen? Dies ist sicher zunächst einmal Aufgabe der Schule, kann aber vom Elternhaus durchaus unterstützt werden. Konkrete Anregungen dazu werden wir Ihnen z.B. im Kapitel „Hausaufgaben" vorstellen.

3. Möglichkeiten nutzen

Wenn ein Kind weiß, wozu es z.B. sein Einmaleins lernt (obwohl es doch überall Taschenrechner gibt!) und wie Lernen funktioniert, stellt sich als nächstes die Frage, ob es diese Fähigkeit auch einsetzt und sich wirklich an die Arbeit macht. Hier geht es also um die Umgebung und den Kontext des Lernens. Wie sieht die Motivation in der Praxis aus: Was setzt das Kind davon um?

In der Schule: Fühlt sich das Kind in der Klasse wohl? Wer ist der Banknachbar, und wie klappt die Zusammenarbeit? Wird es als „Streber" lächerlich gemacht, als „Versager" abgestempelt, oder kann es in Ruhe seine Arbeit erledigen? Wie geht die Lehrkraft auf die Kinder ein? – Natürlich können Eltern auf die Umgebung in der Schule nur begrenzten Einfluß ausüben. Doch allein ein Gespräch darüber kann dem Kind schon die nötige Unterstützung geben, daß es beginnt, selbst seine Umwelt in der Schule so weit mitzugestalten, wie es ihm dort möglich ist. Und wer sich engagiert, der ist auch motiviert – oder anders gesagt: Mitmachen macht Spaß.

Zu Hause: Hat das Kind einen Arbeitsplatz, an dem es sich wohlfühlt? Ist es dort ungestört, oder macht es die Hausaufgaben am Küchentisch, wo der kleine Bruder lauthals plappert? Weiß das Kind, zu wem es mit Fragen kommen kann, wenn es gerade einmal nicht mehr weitergeht? Wie unterstützt die Familie das Kind?

Gerade diese praktische Seite der Motivation spielt bei Kindern eine wichtige Rolle, denn sie handeln viel intuitiver als wir Erwachsenen. Und ein Kind, das sich in seiner Umgebung wohlfühlt und alles in Reichweite hat, was es braucht, hat die besten Voraussetzungen, um gerne, gut und effektiv zu lernen.

Zusammenfassung: Motivation

Sie sehen, Motivation ist ein schillerndes Thema mit vielen Facetten. Das mag zunächst verwirrend wirken – „Wo fange ich denn nun an?" –, doch gleichzeitig bietet es ihnen die Möglichkeit der Wahl. Sie haben viele Ansatzpunkte, die Sie betrachten können:

- Weiß das Kind, was es will? Oder erfüllt es nur Erwartungen der Umwelt, ohne selbst innerlich beteiligt zu sein?
- Kennt es die Kriterien, die zur Beurteilung angelegt werden?
- Kann es sich selbst und seine Leistung angemessen ein-

schätzen? Stellt es sein Licht unter den Scheffel, oder überschätzt es sich?

- Weiß das Kind, wie man's macht: z. B. wie man lernt?
- Erkennt das Kind Chancen, seine Fähigkeiten einzusetzen?
- Holt es sich Unterstützung? Wo, wie, wann?
- Halten Sie „Rat-Schläge" bereit – oder bieten Sie Ihre Hilfe an?

Kapitel 2

„Was soll ich denn tun?“

Wie Sie Ziele klären und erreichen

Zwei Mütter unterhalten sich über das Problem „Schule“: „Mit der Schule wird es bei uns immer schlimmer. Jeden Tag gibt es Ärger mit den Hausaufgaben. Michael fängt erst einmal gar nicht damit an. Wenn ich ihn dann oft genug ans Anfangen erinnert habe, trödelt er herum und sitzt stundenlang über den Aufgaben, ohne viel zustande zu bringen. Ich komme nachmittags eigentlich zu nichts anderem mehr, denn alles dreht sich um die Hausaufgaben. Ich schaue immer wieder bei ihm ins Zimmer – und wenn ich sehe, wie wenig er wieder geschafft hat, werde ich ganz sauer. Dann gibt es wieder Streit, und der Tag ist gelaufen.“ Ihre Freundin kennt die Problematik aus eigener Erfahrung. „Das kenne ich, der Kampf mit den Hausaufgaben. Aber sei froh, daß es bei euch nur darum geht. Bei uns fängt der Ärger oft schon morgens an. Alex erklärt mir, daß er heute nicht zu Schule gehen wird. Die Lehrerin ist blöd, und überhaupt hat er keine Lust. Anfangs hatte ich dafür Verständnis und wollte mit ihm über die Gründe dafür reden. Doch das hat gar nichts gebracht außer Streit. Inzwischen schicke ich ihn ohne große Diskussion aus dem Haus – aber frag nicht, wie es bei uns morgens manchmal zugeht! Das Schlimme ist nur, daß er neuerdings oft nach einer Viertelstunde wieder vor der Tür steht.“ „Was machst du dann – schickst du ihn wieder los?“ „Nein, ich fahre ihn zähneknirschend in die Schule. So kommt er wenigstens noch pünktlich hin. Die Lehrerin hat ihn sowieso schon im Auge, weil er die Hausaufgaben öfter mal nicht macht.“

Was hat diese Unterhaltung mit Zielen zu tun? Geht es dabei nicht eher um Probleme? Beim Thema Motivation haben wir uns mit dem Unterschied zwischen positiver und negativer Motivation beschäftigt. Die negative läßt uns etwas Unangenehmes vermeiden, die positive führt uns zu angenehmen Konsequenzen. Ähnlich verhält es sich auch hier: Ziele und Probleme sind zwei Seiten der gleichen Medaille. Wir können über unsere Probleme klagen und versuchen, sie abzuschaffen. In der Regel geht das aber nicht so einfach, denn das Problem erweist sich plötzlich als unerwartet widerstandsfähig. „Immer wieder der gleiche Ärger" lautet dann die Kurzbeschreibung im Alltag.

Ein großer Schritt nach vorne ist bereits getan, wenn es uns gelingt, den Blick nicht nur auf die Probleme zu richten. Die Probleme mögen vorhanden sein, doch es liegt an uns, ob wir ihnen gestatten, daß sie unser Leben bestimmen und beherrschen. „Ich kann aber doch die Probleme nicht einfach verleugnen!" könnten Sie nun einwenden – und damit haben Sie recht. Verdrängte und verleugnete Probleme haben die unangenehme Eigenschaft, erst recht „aktiv" zu werden. Je mehr wir versuchen, die Schwierigkeiten wegzuschieben, desto mehr Raum nehmen sie in unserem Denken und Handeln ein. So geht's also nicht – wie dann?

Stellen Sie sich eine Waage vor, die im Gleichgewicht ist. Eine große, altmodische Waage mit zwei Waagschalen, in die wir etwas hineinlegen können. In die eine Waagschale legen wir nun alle Probleme hinein: die Schwierigkeiten unserer Kinder in und mit der Schule und ebenso unsere eigenen Probleme mit der Schule und den Lehrern. Was geschieht mit unserer Waage? Die vollgepackte Problem-Waagschale senkt sich tief herunter, die andere, die ja noch leer ist, steigt nach oben. Die Waage ist im Ungleichgewicht.

So, wie es dieses Bild veranschaulicht, läuft der Alltag in vielen Familien ab. Wenn es Probleme gibt, richten wir unsere Aufmerksamkeit darauf. Wir versuchen, die Probleme abzuschaffen, zu vermeiden, zu verändern und wenden dafür oft sehr viel Energie auf. Die Waagschale bekommt so mehr und mehr hineingepackt – sie senkt sich immer tiefer.

Waage im Ungleichgewicht

Richten wir nun den Blick einmal auf die andere Seite der Waage, die bisher noch leer und unbeachtet geblieben ist. Wofür ist diese Seite da? Die Antwort ist einfach – sie steht für unsere Ziele. Wenn wir beginnen, uns über Ziele klarzuwerden, bekommt die Problemseite weniger Gewicht. „Wer nicht weiß, wo er hinmöchte, braucht sich nicht zu wundern, wenn er an einer ganz anderen Stelle landet", lautet ein alter Pfadfinderspruch. Im Umgang mit Problemen sehen wir oft den Wald vor lauter Bäumen nicht. Wir sind so damit beschäftigt, die Probleme abzuschaffen, daß wir etwas Wesentliches leicht

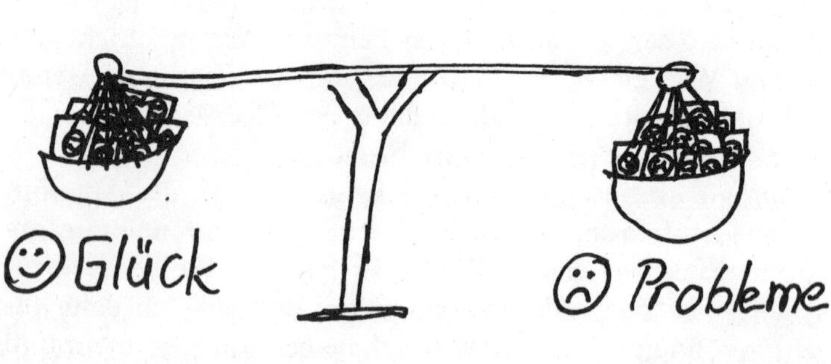

Waage im Gleichgewicht

einmal vergessen: Wo wollen wir eigentlich hin? Was ist unser Ziel?

Was ist der Vorteil, wenn wir aus Problemen heraus Ziele formulieren? Ein Ziel bietet einen Anreiz, der uns motiviert, daß wir das Ziel erreichen wollen. Also ein klassischer Fall von positiver Motivation: hin zum Ziel statt weg vom Problem. Das bedeutet beileibe nicht, das wir das Problem deshalb ignorieren oder so tun, als wäre es nicht vorhanden. Diese Selbsttäuschung wäre kaum erfolgreich. Ebenso wenig erfolgreich ist es allerdings, wenn wir nur dauernd über die Probleme klagen und dabei alles andere aus den Augen verlieren. Die gesunde Mischung macht es auch hier wieder einmal. Und nachdem wir alle eher darauf trainiert sind, Probleme zu finden, zu erkennen und zu bekämpfen, schauen wir uns nun gezielt einmal die andere Seite an: die Ziele.

Welche Ziele stecken in der Unterhaltung der beiden Mütter von Seite 32 Würde man beide nach ihren Zielen fragen, könnte eine etwa so antworten:

- *Michael soll seine Hausaufgaben selbständig und zügig erledigen.*
- *Ich will mich bei seinen Hausaufgaben heraushalten.*
- *Ich möchte, daß es nicht jeden Nachmittag Streit wegen der Schule gibt.*
- *Michael soll in der Schule Erfolg haben, damit er später mal eine gute Basis hat.*

Die andere Mutter antwortet:
- *Alex soll sich morgens ohne Diskussion auf den Schulweg machen.*
- *Ich will weniger Streit mit ihm wegen der Schule.*
- *Er soll mehr Freude an der Schule haben, als ich früher hatte.*

Betrachten wir diese Formulierungen einmal genauer. Wer ist denn zuständig dafür, ob sie erreicht werden? Die Mutter, die das Ziel nennt – das Kind – oder beide? Sind das eigentlich Ziele?

Ziele und Wünsche

Zwischen Zielen und Wünschen gibt es einen wesentlichen Unterschied, der besonders für Eltern unmittelbare Bedeutung hat. Ein Ziel ist dann ein Ziel, wenn Sie selbst dafür zuständig sind, ob Sie das Ziel erreichen. Wenn es in der Verantwortung eines anderen liegt, ob Sie Ihr Ziel erreichen, ist es kein Ziel mehr. Hier geht es nicht um Haarspalterei, sondern um die eigene Verantwortlichkeit. Wenn wir unsere eigenen Möglichkeiten realistisch einschätzen, können wir unsere Ziele leichter erreichen. Wer nur Luftschlösser baut, steht vielleicht plötzlich im Regen und wundert sich, wo sein Schloß geblieben ist.

Ein Ziel ist dann ein Ziel, wenn es in Ihrer eigenen Verantwortung liegt und die Erreichbarkeit in Ihrer eigenen Kontrolle. Wenn die Erreichbarkeit von einer anderen Person abhängt, ist es kein Ziel mehr – sondern ein Wunsch. Auf Ziele kann man hinarbeiten, man kann sich Wege zum Ziel suchen und so das Ziel erreichen. Wünsche dagegen werden erfüllt oder auch nicht. So sind wir bei einem der wichtigsten Unterschiede zwischen Wünschen und Zielen: der persönlichen Zuständigkeit und Verantwortung. Liegt es in meiner Macht, oder bin ich dabei auf andere Menschen angewiesen, lautet die entscheidende Frage. Wünsche unterscheiden sich also von Zielen dadurch, daß wir sie nicht alleine erreichen können, sondern dafür auf andere angewiesen sind. Ein Wunsch kann erfüllt werden oder auch nicht. In jedem Fall hängt die Erfüllung nicht von uns alleine ab – deshalb schicken wir ja auch den Wunschzettel vor Weihnachten ans Christkind.

Oft ist ein Wunsch der erste Schritt aus einer unbefriedigenden Situation heraus. Um die Situation langfristig und dauerhaft zu verändern, reichen Wünsche allerdings in der Regel nicht aus. Die gute Fee[1], die Wünsche erfüllt, ist leider

[1] Einer ganz besonderen guten Fee werden Sie im weiteren Verlauf des Buches übrigens tatsächlich begegnen. Doch diese Fee hat wesentlich mehr anzubieten, als nur die Erfüllung eines Wunsches: Sie wird Ihnen zeigen, wie Sie und Ihre Kinder Ziele einfacher und schneller erreichen – und das ganz ohne Zauberei.

im Märchen häufiger zu treffen als in unserer Realität – hier sind wir selbst für unser Leben verantwortlich. Genau da liegt die große Herausforderung: unser Leben selbst in die Hand zu nehmen, uns Ziele zu setzen und Wege zu finden, wie wir sie erreichen.

Betrachten wir auf diesem Hintergrund die „Ziele" der beiden Mütter noch einmal.

	Wer ist dafür zuständig?
– Michael soll seine Hausaufgaben selbständig und zügig erledigen.	Michael macht seine Hausaufgaben – oder eben nicht. Dies ist ein klassisches Beispiel für einen **Wunsch.**
– Ich will mich bei seinen Hausaufgaben heraushalten.	Hier liegt die Verantwortung bei der Mutter selbst. Dies ist ein **Ziel.**
– Ich möchte, daß es nicht jeden Nachmittag Streit wegen der Schule gibt.	Hier haben wir eine **Mischung** aus Wunsch und Ziel, denn am Streit sind beide beteiligt.
– Michael soll in der Schule Erfolg haben, damit er später mal eine gute Basis hat.	Ein typischer **Wunsch,** den Eltern für ihre Kinder haben.
– Alex soll sich morgens ohne Diskussion auf den Schulweg machen.	Auch wieder ein **Wunsch,** denn hier geht nicht die Mutter, sondern Alex.

– Ich will weniger Streit mit ihm wegen der Schule	Ähnlich wie oben haben wir hier auch eine Mischform. Allerdings ist hier der Eigenanteil stärker betont („**Ich** will...")
– Er soll mehr Freude an der Schule haben, als ich früher hatte.	... ein verständlicher **Wunsch,** aber so noch kein Ziel.

Sie sehen: nur ein Ziel bleibt übrig. Bei allen anderen Äußerungen handelt es sich um mehr oder weniger deutliche Wünsche, denn die Erfüllbarkeit hängt mindestens zum Teil vom Kind ab.

Ist es deshalb sinnlos, überhaupt Ziele oder gar Wünsche zu formulieren? Nein, natürlich nicht. Je klarer Ihr Ziel formuliert ist, desto mehr Chancen haben Sie, es auch zu erreichen. „Wer nicht weiß wo er hin will, braucht sich nicht zu wundern, wenn er anderswo landet", lautet eine alte Weisheit der Pfadfinder. Wer nicht weiß, wer für das Erreichen seines Ziels zuständig ist, braucht sich nicht zu wundern, wenn er vergeblich darauf wartet, daß ihm seine Wünsche erfüllt werden, könnten wir also sagen. Wenn Sie Ihren Wunsch formulieren, können Sie ihn aussprechen – und vielleicht bekommen Sie ihn erfüllt.

Damit wir als Eltern unsere Kinder in ihrem Schul-Leben optimal unterstützen können, ist es sinnvoll, erst einmal vor der eigenen Tür zu kehren. Wir werden uns deshalb in diesem Kapitel zunächst damit beschäftigen, wie Eltern ihre eigenen Ziele klären können. Damit haben wir eine gute Basis, um Möglichkeiten zu finden, wie Eltern ihre Kinder unterstützen können, daß **die Kinder ihre eigenen Ziele** finden und erreichen.

Ziele erreichbar machen

Jeder Mensch plant und handelt zielorientiert. Das ist nichts Neues. Neu ist dagegen die Erkenntnis, daß die Art und Weise, wie wir unsere Ziele formulieren, ganz entscheidend dazu beiträgt, ob wir sie erreichen – oder eben nicht. Es gibt einige einfache Kriterien, die ein gutes Ziel ausmachen. „Gut" heißt in diesem Zusammenhang, daß uns die Art und Weise, wie wir an unser Ziel denken und es formulieren, beim Erreichen hilft. So wird ein Ziel lebendig und interessant. Damit bekommt es Aufforderungscharakter: Wir stehen sozusagen schon in den Startlöchern und wollen auf unser Ziel zusteuern. Wenn wir unsere Ziele so formulieren, nutzen wir wesentlich mehr als nur unser bewußtes Denken, denn wir motivieren unsere unbewußten Fähigkeiten, um die Bedingungen zu schaffen, die wir brauchen, um ans Ziel zu gelangen.

Diese Kriterien bilden den Rahmen für ein gutes Ziel unabhängig vom jeweiligen Inhalt. Deshalb nennen wir sie den „Zielrahmen".

Der Zielrahmen

1. Finden Sie **Ihr** Ziel – nicht das von anderen!
2. Formulieren Sie Ihr Ziel positiv!
3. Werden Sie konkret!
4. Prüfstein Realität: Vorteile und Nachteile

Der Zielrahmen gibt uns Möglichkeiten, unsere Ziele erreichbar zu machen – schon über die Art und Weise, wie wir darüber nachdenken. Es spricht übrigens nichts dagegen, sich rosarote Luftschlösser zu bauen, wenn wir uns klar sind über den Unterschied zwischen einem Luftschloß und einem Ziel. In diesem Zusammenhang beschäftigen wir uns mit konkreten Zielen, die Sie erreichen wollen.

1. Finden Sie Ihr *Ziel – nicht das von anderen!*

„Ich will, daß mein Kind seine Hausaufgaben selbständig und zügig erledigt." Das ist kein Ziel, sondern ein Wunsch, denn das Kind soll schließlich sein Verhalten ändern, nicht die Mutter. Wie könnte das Ziel der Mutter/des Vaters lauten? Was können Eltern überhaupt dazu beitragen – was liegt in ihrer Verantwortung? Die Erwachsenen können sich z.B. fragen, wie sie sich verhalten können, damit die Chancen steigen, daß das Kind die Hausaufgaben anders, selbständig, gelassener, motivierter erledigt. Wie können sie mithelfen, die Bedingungen zu schaffen, unter denen *das Kind* sein Verhalten ändern kann und will?

Bleiben wir dazu bei unserem Beispiel: Die Mutter, die alle zehn Minuten wieder bei ihrem Sohn vorbeischaut und fragt: „Bist du immer noch nicht fertig?" wird ihn so kaum motivieren können. Viel wahrscheinlicher ist es in diesem Fall, daß sich der Junge von den dauernden Kontrollen gestört fühlt. Der zunehmend gereizte Tonfall von Mutter und Sohn trägt auch nicht gerade zur Entspannung der Lage bei, und so kommt es bald zum üblichen Streit. Was kann die Mutter tun? Was liegt in ihrer eigenen Verantwortung?

Zunächst einmal kann sie sich überlegen, wann sie mit ihrem Sohn ein Gespräch über das Thema Hausaufgaben führen will. Wenn sich Eltern entscheiden, ihr Verhalten bei einem strittigen Thema grundsätzlich zu verändern, ist es sinnvoll, wenn sie ihr Kind in einer ruhigen Minute vorher darüber informieren. Dann hat auch das Kind die Möglichkeit, sich darauf einzustellen und wird nicht überrumpelt.

Die Mutter kann sich grundsätzlich entscheiden, ob und wie oft sie die Erledigung der Hausaufgaben kontrollieren will. Ein Extrem kann sein: „Ich halte mich für eine Woche komplett heraus und lasse mein Kind selbst entscheiden, wann und wie es die Hausaufgaben macht." Das ist eine eher drastische Entscheidung, die allerdings in manchen Fällen erstaunliche Wirkung hat. (Es lohnt sich hier übrigens, auch die Lehrerin darüber vorab zu informieren...). Wenn die Mutter einen Mittelweg wählt, wird sie vielleicht noch ein- oder zweimal bei dem Kind hereinschauen, allerdings nicht auf die kontrollierende Art, sondern mindestens neutral: Die Wahl ihrer Worte, ihr Tonfall und ihre innere Haltung dabei liegen zum Beispiel in der eigenen Kontrolle.

„Ich vereinbare mit meinem Kind eine feste Zeit, wann es mit seinen Hausaufgaben anfängt. Dann erinnere ich es *einmal* an diese Zeit, falls es nicht von selbst an die Arbeit geht. Ansonsten halte ich mich heraus und suche mir für diese Zeit am Nachmittag eine eigene Beschäftigung, die mir Spaß macht." So könnte das Ziel der Mutter lauten. (Wir haben damit übrigens in unserer Familie gute Erfahrungen gemacht.)

Eltern können nur Bedingungen und eine Familienatmosphäre schaffen, die es dem Kind erleichtern, sein Verhalten zu ändern. Vielleicht ist diese Verhaltensänderung etwas anders als geplant, weil das Ziel des Kindes nicht exakt mit dem der Eltern übereinstimmte. Genau darin liegt aber eine große Lernchance: Wenn wir als Eltern es schaffen, unseren Anspruch von Allmacht und Allwissenheit zu relativieren und unsere Kinder wirklich ernst zu nehmen mit ihren Wünschen, Gefühlen und Bedürfnissen, kann sich eine neue Welt öffnen, in der auch Eltern von ihren Kindern lernen.[2]

[2] Mehr dazu erfahren Sie im nächsten Kapitel, in dem wir uns damit beschäftigen, wie Eltern und Kinder sich besser verständigen und verstehen können.

2. Formulieren Sie Ihr Ziel positiv!

„Der Streß mit der Schule soll endlich aufhören!" Abgesehen davon, daß in diesem Ziel die eigenen Verantwortlichkeit komplett versteckt ist, weist es einen zweiten „Fallstrick" auf: Das Ziel enthält das Problem („Schulstreß"). Untersuchungen in Hypnose und tiefen Entspannungszuständen haben ein interessantes Ergebnis erbracht: Unser Unbewußtes reagiert nicht auf Verneinungen, also auf Worte wie „nicht", „kein", „nie" usw. Ein Beispiel dazu:

Denken Sie jetzt **nicht** an einen rosa Elefanten!

Sie werden merken... das geht nicht! Wenn wir etwas hören, entstehen in uns Bilder, in diesem Fall das eines rosa Elefanten. Daß wir nicht daran denken sollen, kann die Entstehung des inneren Bildes nicht verhindern. Das klingt interessant, doch was heißt das für den Alltag? Ein weiteres Beispiel: Ein kleines Kind balanciert waghalsig auf einer Mauer, die Eltern sehen es und rufen: „Fall bloß nicht runter!" Kaum sind diese Worte ausgesprochen, passiert es schon – das Kind liegt auf der Nase. Um den Zuruf „Fall bloß nicht runter!" zu verstehen, muß sich das Kind eine innere Vorstellung vom Fallen machen, denn sonst würde es den Satz nicht verstehen können. Sein Unbewußtes und sein Körper reagieren unmittelbar auf diese innere Repräsentation – und das Kind fällt hin. Die Eltern würden ihrem Kind also wesentlich mehr helfen, wenn sie zum Beispiel sagen „Halte dich schön fest", „Bleib ruhig stehen" oder wenn sie direkt hingehen (nicht hin*rennen*!) und ihrem Kind Hilfestellung geben.

Wenn Sie an ein Ziel denken „Ich will keine Schokolade mehr essen...", dann entstehen in Ihrem Gehirn (genauer gesagt in der rechten Gehirnhälfte) unweigerlich Bilder von Schokolade. Das ist unvermeidlich. Diese Bilder sind meist recht farbig und auch entsprechend anziehend. Vielleicht sind sie ja auch mit Geschmack oder Geruch verknüpft – das läßt die Bilder dann noch lebendiger wirken. Und eigentlich wollten Sie ja gerade ***keine*** Schokolade mehr essen... Das könnte schwierig werden!

Wenn wir uns dagegen überlegen, was wir denn eigentlich wollen – im positiven Sinne –, dann sieht die Sache schon ganz anders aus. „Ich esse frisches Obst von einem bunten Teller." „Ich gönne mir einmal am Tag mit Genuß etwas Süßes." „Ich ernähre mich gesund." Das sind Beispiele für positive Zielformulierungen, die natürlich auch mit Bildern, Gedanken, Gefühlen und mit anderen Sinneseindrücken verknüpft sind. Doch wenn wir unser Ziel positiv formulieren, brauchen wir uns gegen die Ziel-Bilder nicht mehr zu wehren (wie bei der Schokolade im vorigen Beispiel). Wir können statt dessen ihre Anziehungskraft nutzen, weil sie uns ja zu unserem erwünschten Ziel führen.

Um ein Ziel zu erreichen, ist also der nächste Schritt die positive Formulierung. Damit ist schon sehr viel gewonnen. Überprüfen Sie deshalb Ihre Zielformulierung sorgfältig, denn manche negativen Ausdrücke sind gut versteckt (z. B. vermeiden, aufhören, verringern etc.)

Einige Beispiele zur Illustration:

Negativ	Positiv formuliert
Ich will meine Kinder nicht mehr anschreien.	Ich rede sachlich und entschieden mit meinen Kindern.
Ich möchte es schaffen, geduldiger mit meinen Kindern zu sein.	Ich nehme mir Zeit für mich und andere.
Ich verringere . Streßfaktoren	Ich nehme mir Zeit für Entspannung und Hobbys.

Machen Sie Ihr Ziel so interessant, daß es sie reizt, dorthin zu gelangen. Eine einfache Möglichkeit liegt dabei wieder in der Formulierung. Benennen Sie Ihr Ziel so, als ob Sie es bereits erreicht hätten. Also nicht „Ich möchte endlich morgens besser gelaunt aufstehen", sondern „Ich stehe morgens gut gelaunt auf und freue mich auf den Tag." Ziele, die in der Gegenwart formuliert sind (*ich bin* statt *ich werde*), lassen in unserm Unterbewußten wesentlich farbigere und lebendigere Bilder entstehen, die wiederum wie Magneten für die Zielerreichung wirken.

Übrigens: Auch die Länge der Formulierung ist wichtig. Kürzere Sätze wirken stärker und prägnanter. Machen Sie es sich zur Regel, Ihr Ziel möglichst kurz zu formulieren. Wenn Sie einen Nebensatz darin verpackt haben, fragen Sie sich: „Was ist der Kern meines Zieles? Auf was kommt es wirklich an?" Lassen Sie alles schmückende Beiwerk und die Füllwörter weg.

3. Werden Sie konkret!

Allgemein gehaltene Ziele wie „Ich will gelassener/ruhiger/selbstsicherer sein" scheinen auf den ersten Blick unmittelbar verständlich. Wer würde das nicht wollen? Betrachten wir diese Formulierungen genauer – was heißt eigentlich „gelassen"? Was bedeutet „Selbstsicherheit"? Die Wörter verstehen wir natürlich, sie sind uns mehr oder weniger vertraut. Doch was genau bedeutet zum Beispiel „Selbstsicherheit"? Welches Bild entsteht dabei in Ihnen? Woher wissen Sie, daß Sie diese Selbstsicherheit spüren?

Das dritte Kriterium für ein „gutes Ziel" ist seine konkrete Formulierung. Fragen Sie sich, woran Sie ganz konkret und spürbar erkennen können, daß Sie Ihr Ziel erreicht haben. Formulieren Sie es in der Sprache Ihrer fünf Sinne. Wenn Sie zum Beispiel ihren Kindern gelassen und sicher gegenüberstehen wollen, was und wie würden Sie dabei sehen, hören, fühlen, riechen, schmecken...? Vielleicht erinnern Sie sich auch an frühere Situationen, in denen Sie genau das schon einmal erreicht hatten. So kommen Sie Ihrem Ziel bereits einen Schritt näher: Vielleicht finden Sie heraus, daß „gelassen" für Sie bedeutet, daß Sie aufrecht stehen, die Schultern entspannt sinken lassen und Ihrem Kind in die Augen sehen. Oder daß Ihre Stimme klar und deutlich klingt, daß Sie tief durchatmen oder auch etwas ganz anderes.

Sobald Sie Ihr Ziel so formulieren, können Sie es leichter erreichen. Denn mit diesen Möglichkeiten, die Sie nun entdeckt haben – aufrechte Haltung, tiefes Atmen, Blickkontakt usw. – können Sie aktiv experimentieren.

4. Prüfstein Realität: Vorteile und Nachteile

Manche Ziele haben unerwünschte „Nebenwirkungen" und Begleiterscheinungen, an die man im ersten Moment überhaupt nicht gedacht hat. Bevor man sich daran macht, das Ziel zu erreichen, ist es deshalb sinnvoll, es auf eventuelle Nachteile zu prüfen. In der Begeisterung für ein Ziel sagt man leicht: „Was soll das schon für Nachteile haben? Da kann doch überhaupt nichts passieren – nur Vorteile!" Wenn Sie aber genauer hinsehen, stoßen Sie vielleicht doch auf die eine oder andere Schwierigkeit oder ein Risiko.

Wie wird meine Umwelt reagieren, wie mein Partner, welche Konsequenzen werden mir entstehen? Wie werden die Kinder reagieren? Sie sind möglicherweise überrascht, wenn ich mich anders verhalte? Sinnvoll wäre es deshalb, sich weitere konkrete Verhaltensweisen zu überlegen, zum Beispiel: „Wenn ich beim ersten Mal noch nichts erreiche, wiederhole ich es klar und bestimmt ein weiteres Mal." Wie wird die Umwelt reagieren? Es ist ja durchaus möglich, daß die Leute „erzieherisches Eingreifen" erwarten. Kommen dann gute Ratschläge, Kommentare und persönliche Angriffe? Wie gehe ich damit um? Bin ich bereit, in Kauf zu nehmen, daß die Klärung der Situation eventuell länger dauert als bei der alten Lösung? Riskiere ich, daß von anderen ungeduldige Aufforderungen kommen können? Ganz allgemein formuliert heißt das: Wie hoch ist der Preis für die neue Lösung? Bin ich bereit, ihn zu zahlen – oder ist mir der Preis zu hoch?

Es hat Vorteile, sich vorher Ziel und Konsequenzen genau zu überlegen. Wenn Sie mögliche Nachteile entdecken, können Sie Ihr Ziel leicht entsprechend ändern, anpassen und umformulieren.

Und nicht zuletzt noch eine Anmerkung: Fragen Sie sich auch, was Ihre **jetzige** Lösung für Vorteile bietet. Vielleicht hat auch sie ihr Gutes, und dafür wäre im neuen Ziel kein Platz mehr. Wenn Sie auf solche „verborgenen Vorteile" stoßen, suchen Sie zuerst Möglichkeiten, wie denn diese Vorteile in Ihr Ziel eingebaut werden können. Ist der Nutzen des gegenwärtigen Verhaltens in meinem Ziel enthalten? Bei genauem Hinsehen gibt es immer eine gute Absicht, warum ich mein Ziel bisher noch nicht verwirklicht habe – sei es, daß ich sicherstellen wollte, daß ich alle nötigen Informationen vorher sammeln kann, oder weil ich mir genügend Zeit lassen wollte, oder weil ich bestimmte Dinge noch klären/lernen/erfahren wollte... dies hängt von der persönlichen Geschichte ab. Entscheidend für die Realitätsnähe und Umsetzbarkeit eines Ziels ist die Frage, wie die gute Absicht des gegenwärtigen Zustandes – also des Problems – im neuen Ziel enthalten ist und gesichert bleibt.

Nehmen wir noch einmal das Beispiel „Anschreien". In manchen Situationen kann es durchaus sinnvoll sein, sehr bestimmt und vielleicht auch laut Ihre Meinung zu vertreten – zum Beispiel wenn Sie morgens aus dem Haus müssen und Ihr Kind regelmäßig trödelt. Gelassenheit und Entspannung sind nicht unbedingt die Lösung des Problems. Genauso unsinnig ist es allerdings, unkontrolliert zu schreien. Sie könnten beispielsweise Ihr Ziel, ruhig und gelassen mit Ihrem Kind zu sprechen, erweitern durch: „Ich gebe bestimmte Anweisungen, wenn es die Situation erfordert." Es lohnt sich, hier ganz konkrete Situationen in Gedanken einmal durchzuspielen und das Ziel entsprechend anzupassen.

Kinder bei Zielen unterstützen

Sie wissen nun einiges mehr über Ziele, ihre Formulierung und ihre Wirkungen. Bisher haben Sie sich dabei hauptsächlich mit Ihren persönlichen Zielen beschäftigt. *„Ich halte mich bei den Hausaufgaben heraus." „Ich stehe morgens rechtzeitig auf, damit ich den Tag in Ruhe beginnen kann." „Ich vereinbare Regeln mit meinem Kind und halte mich daran."* Dies alles sind Beispiele für persönliche Ziele von Eltern im Umgang mit dem Thema Schule. Wie sieht es nun mit den Zielen der Kinder aus?

Ein Kriterium des positiven Zielrahmens lautet „Finden Sie Ihr Ziel – nicht das von anderen." Was bedeutet das für Eltern? Sollen sie ihre Kinder ihre Ziele allein finden lassen? Was tun, wenn ein Kind scheinbar keinerlei Ziele verfolgt? Wie können Eltern ihre Kinder hier wirkungsvoll unterstützen?

Eltern nehmen gegenüber ihren Kindern vielfältige Funktionen wahr. Wenn man sie danach fragt, bezeichnen sich Eltern als *Berater, Helfer, Förderer, Ratgeber...* die Liste ließe sich lange fortsetzen. Interessanterweise würden die Kinder die Funktion ihrer Eltern oft ganz anders beschreiben: *Besserwisser, Nervensägen, Bestimmer* sind nur einige Namen, die Kinder für ihre Eltern auf Lager haben. Gehen wir einmal davon aus, daß die Kinder die Eltern nicht aus Bosheit so bezeichnen würden, sondern aus anderen Gründen. Was steckt dahinter, daß ein Berater einmal als Hilfe und ein andermal als Nervensäge wahrgenommen wird?

Ein guter Berater zeichnet sich dadurch aus, daß er seine eigenen Schwierigkeiten von denen seiner Patienten trennen kann. Das bedeutet nicht, daß ein Berater keine eigenen Probleme haben darf. Auch ein Zahnarzt kann Zahnschmerzen haben und bleibt dennoch ein qualifizierter Zahnarzt. Ein guter Berater kennt seine eigenen Schwachstellen. Der Zahnarzt mit Zahnschmerzen würde sich also behandeln lassen – von einem Kollegen. Der Berater, der vor seiner eigenen Tür gekehrt hat, hat den Kopf frei, um seinen Klienten bei der Lösung seiner Probleme zu unterstützen. Besonders deutlich wird das im Bereich der Psychotherapie – wenn hier der Therapeut nicht seine Probleme von denen des Klienten trennen kann, wird die Behandlung wenig erfolgversprechend sein.

Eltern, die sich ihre eigenen Ziele setzen, entlasten ihre Kinder unmittelbar. Das Kind bekommt nämlich jetzt den Freiraum, seine eigenen Ziele zu verfolgen und braucht nicht mehr Mutters oder Vaters Lebenstraum zu erfüllen. Vielleicht kennen Sie auch Fälle, in denen ein Kind einen Beruf erlernen soll, den ein Elternteil für sich als Wunschtraum hatte. Oder das Kind soll den Schulerfolg haben, der den Eltern versagt blieb. *„Unser Kind soll es einmal besser haben." „Ich möchte ihm ersparen, daß er die gleichen Fehler macht wie ich damals." „Ich weiß doch besser, was für sie gut ist – sie kann das doch noch gar nicht beurteilen."* Hinter diesen scheinbar wohlmeinenden Äußerungen verbirgt sich oft nichts anderes als die Delegation eigener Ziele an die eigenen Kinder. Das Kind soll den Eltern helfen, ihre Ziele zu erreichen. Welche Ziele das Kind für sich selbst definieren würde, danach wird es nicht gefragt. Es ist ja sowieso noch zu klein/zu unerfahren/zu kindlich, um das richtig einschätzen zu können. *„Natürlich wird er aufs Gymnasium gehen. Er soll ja später auch einmal studieren."* Zum Studium führen viele Wege. Das Gymnasium ist nur einer davon. Realschule, Fachabitur und Fachhochschule ist ein anderer, der seine Vorteile hat. Praxisbezug und Berufsaussichten sind hier vielfach sogar besser als bei einem klassischen Universitätsstudium.

Eltern, die ihre Ziele und Wünsche für sich selbst prüfen, können auch selbst Verantwortung dafür übernehmen, wie und wann sie diese Ziele verfolgen und erreichen. Sie brauchen ihre Kinder nicht mehr zum Erfüllungsgehilfen eigener Wunschträume zu machen. Statt dessen gewinnen die Eltern Freiraum, um ihre Kindern zu unterstützen, sich eigene Ziele zu setzen.

Kinder sind keine kleinen Erwachsenen. Deshalb können wir einem Kind nicht nur den „Zielrahmen" vorsetzen mit der Hoffnung, daß er/sie schon etwas daraus machen wird. Wenn Sie Ihr Kind ermutigen wollen, eigene Ziele zu finden und zu erreichen, sind zwei Dinge wichtig:

1. Fordern – nicht Überfordern
2. Erfolgserlebnisse ermöglichen

Schauen wir uns an, was das in der Praxis bedeutet:

1. Fordern – nicht Überfordern

Wenn Sie mit Ihrem Kind über Ziele sprechen, tun sie es so, wie es dem Alter Ihres Kindes angemessen ist. Altersgerechte Formulierungen sind der Schlüssel zum Verständnis. Ein Kind in der ersten Klasse wird sich andere Ziele setzen als ein Viertkläßler. Für den Schulanfänger ist wichtig, daß sein Ziel überschaubar, konkret und „anfaßbar" ist. „Ich lerne diese Woche zwei neue Buchstaben." – „Ich lese Mama jeden Tag eine Viertelstunde aus dem Buch von Astrid Lindgren vor." Dieses Ziel ist konkret genug und hat für ein siebenjähriges Kind eine Bedeutung, die es nachvollziehen kann. Der Schüler aus der 4. Klasse kann sich schon Ziele setzen, die abstrakter sind. „Jeden Tag wiederhole ich fünf Lernwörter aus dem letzten Schuljahr. Wenn ich alle durch habe, leiste ich mir eine Kinokarte."

Damit wir uns weiterentwickeln – und das gilt übrigens nicht nur für Kinder! – ist es wichtig, daß wir nicht nur im bekannten, bequemen Bereich bleiben, wo wir uns schon auskennen, sondern unsere Ziele immer einen Tick weiter stecken. Fordern – nicht überfordern heißt hier die Zauberformel. Überforderung führt leicht zu Mißerfolgen und macht uns mutlos. „Forderung" richtig verstanden bedeutet, das Potential, das in jedem von uns liegt, anzusprechen, zu wecken und zu verwirklichen.

Betrachten Sie Ihre Ziele unter diesem Blickwinkel: Wie können Sie diese positive Qualität von „richtig verstandener Forderung" integrieren? Und was bedeutet „Fordern statt überfordern" für die Ziele Ihres Kindes?

Zu große oder zu weit gesteckte Ziele müssen deshalb nicht gleich unter den Tisch fallen. „Ich verbessere mich in Mathe von 4 auf 2 ." Dieses Ziel ist für ein Grundschulkind wahrscheinlich eine Nummer zu groß, weil es zu abstrakt und zu langfristig angelegt ist. „In den nächsten vier Wochen übe ich jeden Nachmittag 20 Minuten Mathe." Mit diesem Ziel können viele Kinder mehr anfangen, denn es beinhaltet gleich einen Handlungsplan. Wenn das Ziel zu groß ist – zerlegen Sie es in Teilziele. Natürlich gemeinsam mit Ihrem Kind, denn sonst wären wir ja wieder in der Falle, in der Eltern den Kindern Ziele vorgeben...

2. Erfolgserlebnisse ermöglichen

Mit dem Zerlegen eines Ziels in erreichbare Teilziele sind wir gleich beim nächsten Punkt: Wie können wir Kindern Erfolgserlebnisse ermöglichen? Ein Kind, das den Erfolg seiner Arbeit erlebt, wird mit gestärkter Motivation weitermachen. In unserem Schulsystem sind Noten oft die vorrangigen Vermittler von Erfolg und leider auch von Mißerfolg. Wie können wir einem Kind Erfolgserlebnisse ermöglichen, auch wenn sich das (noch) nicht in den Schulnoten widerspiegelt?

Die Voraussetzung ist, daß das Kind sich selbst ein Ziel setzt. Wenn es nur für die Schule arbeitet, weil die Eltern es dazu verdonnern, wird es kein Erfolgserlebnis für sich verbuchen, denn es „mußte" ja lernen. Gehen wir also davon aus, daß Sie Ihr Kind dabei unterstützen, sein eigenes Ziel zu finden. Diese Unterstützung kann auf vielen verschiedenen Wegen geschehen.

Ein Beispiel dazu aus einem ganz anderen Bereich. *In der Familie A. sind Süßigkeiten ein häufiges Streit-Thema. Die Tochter Hanna nascht sehr gern Süßes, ißt bei den Mahlzeiten eher wenig und hat zudem noch ziemlich schlechte Zähne. Die Mutter hat schon alles versucht – schimpfen, bitten, erklären, ignorieren, Süßigkeiten rationieren – nichts half. Ein Besuch beim Zahnarzt war nun Anlaß für ein neues Ge-*

spräch. Diesmal ist die Mutter resigniert und sagt zu Hanna: „Ich weiß nicht mehr, was ich mit dir machen soll. Du hast heute wieder zwei neue Löcher gehabt. Ich mag nicht mehr mit dir darüber streiten. Du kaufst dir ja sowieso von deinem Taschengeld Süßigkeiten. Ich halte mich jetzt raus." Hanna ist nachdenklich. Später kommt sie mit einer Liste zu ihrer Mutter. „Schau mal, ich habe mir jetzt eine Liste gemacht. Hier sind die Wochentage, und da sind drei Spalten für Süßes, Obst und Gemüse. Ich passe jetzt einmal selbst auf, was ich esse und schreibe es mir abends auf." Die Mutter ist überrascht und zweifelt noch an der Ausdauer ihrer Tochter. „Wie lange wird sie das wohl durchhalten?" denkt sie und behält ihre Zweifel aber glücklicherweise für sich. Hanna ist in den nächsten Tagen mit Eifer bei der Sache und interessiert sich plötzlich für das Thema Ernährung. Das führt zu mehreren intensiven Gesprächen – und die Mutter wundert sich „Woher das nur kommt... da rede ich mir monatelang den Mund fusselig, und jetzt macht sie es plötzlich von allein..."

Was war der Unterschied in unserem Beispiel? Die Mutter hat sich vom Kampfplatz „Süßigkeiten" zurückgezogen – wenn auch eher unfreiwillig und aus Resignation, doch immerhin hat sie es getan. Dadurch hatte die Tochter plötzlich Gelegenheit, selbst aktiv zu werden. Vorher hat Hanna eher gegen die Mutter gekämpft, nun merkt sie auf einmal, daß sie selbst die Fäden in der Hand hat.

Entscheidend ist, daß Eltern und Kinder am gleichen Strang ziehen, das heißt die gleichen Ziele für wichtig halten. Kinder sind sehr sensibel dafür, wenn ihnen heimlich Ziele „untergeschoben" werden sollen, die eigentlich nicht die ihren sind. Für uns Eltern kann das natürlich zur Geduldsprobe werden, denn kaum ein Kind wird seine Ziele wie aus der Pistole geschossen formulieren können. Vielleicht kann ein jüngeres Kind mit dem Konzept „Zielformulierung" insgesamt noch wenig anfangen. Hier ist die Herausforderung an uns Eltern, mit dem Kind in einer altersgerechten, verständlichen Sprache zu reden. Damit werden wir uns im nächsten Kapitel ausführlich beschäftigen.

Ein Problem und seine überraschende Lösung

Manchmal sind die Lösungen für Probleme viel einfacher, als man zunächst glaubt. Am Schluß dieses Kapitels möchte ich Ihnen deshalb erzählen, wie ein Mädchen das Problem „Hausaufgaben" für sich auf eine recht überraschende Weise bewältigt hat.

Sandra geht in die 3. Klasse. Sie ist ein phantasievolles, verträumtes Kind. Sie hatte deshalb bisher auch meist keine rechte Lust, ihre Hausaufgaben zu erledigen – schon gar nicht zügig und schnell. In der Vergangenheit haben sich deshalb in der Familie nachmittags oft kleine und mittlere Dramen abgespielt. Die Mutter versuchte zunächst mit guten Worten und Ermutigung, Sandra zu unterstützen. Doch das Mädchen saß immer wieder vor den Aufgaben und träumte zum Fenster hinaus. Oft setzte sich die Mutter auch dazu, um durch ihre Anwesenheit Sandras Träumereien zu verhindern. Die Mutter stellte ihr Fragen und mahnte sie zum zügigen Arbeiten. Je nach Tagesform der beiden endete diese Lösung früher oder später im Streit.

Die Mutter war zunehmend frustriert, denn sie wußte, daß es nicht an der Leistungsfähigkeit des Mädchens liegen konnte, daß die Hausaufgaben immer wieder zum Drama wurden. Ihre Tochter lernte und arbeitete mühelos – *wenn* sie es tat. Das Problem war, daß Sandra ihre Zeit verträumte und so oft stundenlang über den Hausaufgaben saß. Sie kam dadurch kaum an die frische Luft und noch weniger zum Spielen mit Freundinnen. In der 3. Klasse wurden mehr Hausaufgaben aufgegeben – die Lehrerin sprach von durchschnittlich einer Stunde reiner Arbeitszeit –, und so verschärfte sich das Problem nach den großen Ferien deutlich. Die Mutter war zusehends ratloser geworden. Sie wollte so nicht mehr weitermachen – das Problem Hausaufgaben überschattete jeden Nachmittag. Der Mutter war aber andererseits auch klar, daß sie das Problem nicht *für* ihre Tochter lösen konnte.

Eines Abends setzte sie sich deshalb zu ihrer Tochter auf die Bettkante. „Ich möchte gerne mit dir mal über die Hausaufgaben reden. Wir haben uns in der letzten Zeit deswegen oft gestritten, und das mag ich nicht mehr. Dadurch sind mir viele Nachmittage richtig verdorben. Ich habe da eine Idee, und über die wollte ich mit dir reden. Magst du?" Die Mutter sprach entspannt und gelassen, und Sandra war recht interessiert. Das war ja etwas ganz Neues – über Hausaufgaben reden, und die Mama geht nicht gleich in die Luft...!

Die Mutter erzählte Sandra, wie sie einer Freundin einmal im Gespräch geholfen hatte, eine Lösung für ein schwieriges Problem zu finden. „Ich glaube, das wäre auch etwas für dich. Probieren wir es einmal aus: Stell dir mal vor, es gäbe einen Spezialisten für Hausaufgaben – jemand, der sich damit gut auskennt und dir helfen möchte. Wer könnte das denn sein?" Sandras Antwort kam sehr schnell: Als Märchen-Liebhaberin nannte sie eine gute Fee. Diese „Hausaufgaben-Fee" stellte sie sich dann genau vor. Die Mutter stellte ihr konkrete Fragen dazu: Wie sieht sie aus, welches Kleid trägt sie, welche Farbe hat ihr Kleid, welche Farbe ihre Augen und ihre Haare? Wie groß ist die Fee, und was macht sie? Sandras Fee war überwiegend weiß, trug ein glitzerndes Kleid und hatte natürlich einen Zauberstab in der Hand.

Nun ging es weiter: „Wenn du diese Fee so anschaust, frag sie mal, welchen Rat sie für dich hat, damit du deine Hausaufgaben leicht und schnell erledigst." Sandra schloß die Augen und fragte ihre Fee. Sie sah dabei entspannt aus und lächelte leicht – es machte ihr Spaß, mit der Fee zu reden. Nach kurzer Zeit öffnete sie die Augen und berichtete, daß ihr die Fee drei Vorschläge zugeflüstert hatte. „Die Fee sagt, wenn ich die Hausaufgaben schnell mache, habe ich hinterher Zeit für mich. Dann kann ich machen, wozu ich Lust habe. Und sie meint, ich soll mittags gleich damit anfangen, dann habe ich mehr vom Nachmittag. Und außerdem sagt sie, wenn ich konzentriert arbeite, bin ich schneller fertig." Diese Ratschläge von der Fee gefielen Sandra schon recht gut. „Da hat sie eigentlich recht. Wenn ich das so mache, dann habe ich mehr freie Zeit für mich. Und die Hausaufgaben machen mehr Spaß, wenn ich dabei an die Fee denke – die sieht nämlich so schön aus in ihrem glitzernden Kleid."

Die Mutter fragt Sandra jetzt nach einem Satz: „Was würde dir denn helfen, daß du dich daran erinnerst, was die Fee dir geraten hat?" Sandra überlegt kurz und sagt dann. „Ich arbeite schnell und konzentriert, dann bin ich bald fertig und kann tun, wozu ich Lust habe." Als sie diesen Satz sagt, lächelt Sandra. „Was ist denn ein Zeichen für dich, daß du mit der Hausaufgabe fertig bist?" fragt die Mutter. „Wenn ich das Heft mit einem Knall zuklappen kann, dann weiß ich, daß ich fertig bin. Und außerdem kann ich Haken ins Hausaufgabenheft machen. Dann sehe ich immer, was ich schon erledigt habe." Sie vereinbaren also zwei Dinge: den Haken im Hausaufgaben-

Heft und ein hörbares Schluß-Signal, wenn Sandra am Ende ihr Heft bewußt und laut zuklappt.

„Jetzt haben wir schon eine ganze Menge: Die gute Fee mit ihrem Rat, den Satz, das Abhaken im Hausaufgabenheft und das laute Heft-Zuklappen. Mir fällt da noch etwas ein: du magst doch gerne Edelsteine. Wenn du jetzt einen Stein hättest, der dich erinnert, daß du konzentriert arbeitest, dann könntest du den auf deinen Schreibtisch stellen." Die Idee gefällt Sandra besonders gut. Nach kurzem Nachdenken beschreibt sie einen Bergkristall – „weil der auch so hell und glitzernd ist wie meine Hausaufgaben-Fee". Mutter und Tochter vereinbaren, daß sie am nächsten Tag so einen Bergkristall besorgen werden. „Und jetzt werde ich noch an die Fee denken, bis ich einschlafe", sagt Sandra zum Schluß.

Gesagt, getan: Am nächsten Tag liegt der Stein auf Sandras Schreibtisch. Sie hat sich zusätzlich noch zwei Bilder gemalt: Ein Bild zeigt die Hausaufgaben-Fee, im anderen Bild hat Sandra sich selbst gemalt, wie sie am Schreibtisch sitzt. In einer Sprechblase steht der Satz dabei: „Ich arbeite schnell und konzentriert, dann bin ich bald fertig und kann tun, wozu ich Lust habe." Sandra ist stolz auf ihre neuen Hausaufgabenhelfer.

Einige Tage klappt das recht gut. Sandra hat ihre Bilder auf dem Schreibtisch stehen und holt sich jedesmal zu Beginn ihren „Konzentrationsstein" heraus. Am Ende der Hausaufgaben packt sie ihn wieder sorgfältig in ihre Schatzkiste. Doch eine Klippe gibt es noch zu überwinden: Sandra kann die Zeit schwer einschätzen, die sie braucht, um einzelne Arbeiten zu erledigen. Es fällt ihr schwer, das auf der Armbanduhr nachzuvollziehen. Sie arbeitet zwar deutlich konzentrierter als vorher, doch zwischendurch kommt sie – ohne es recht zu merken – noch ins Träumen. Dann ist sie überrascht, wie lange sie doch an den Aufgaben saß. Sie hat dazu eine Idee: Die Mutter soll eine Stoppuhr besorgt. „Damit kann ich ganz leicht selber sehen, wie lange ich für die Hausaufgaben brauche. Wenn ich anfange, drücke ich auf „Start", dann piept die Uhr einmal. Das ist mein Startsignal. Wenn ich die Hausaufgabe für ein

Sandras Hausaufgaben-Fee

Fach erledigt habe, kann ich eine kurze Pause machen und auf Stop drücken. Und wenn ich dann das nächste Fach anpacke, drücke ich wieder auf „Start“, und die Uhr läuft weiter.“ Sandra gefällt die Idee ganz prima. „Und am Ende kann ich mir die Zeit ins Hausaufgabenheft schreiben. Dann kann ich ja sogar einen Wettbewerb mit mir selbst machen und schauen, an welchem Tag der Woche ich am schnellsten war!“

Mehrere Tage später – die Stoppuhr ist fleißig in Gebrauch und macht Sandra sehr viel Spaß – merkt Sandra, daß sie immer öfter vergißt, ihren Konzentrationsstein aus der Kiste zu holen. Sandra meint dazu: „Der Stein wirkt auch, wenn ich ihn in meiner „Schatzkiste“ neben dem Schreibtisch liegen habe.“ Die beiden Bilder von der Fee und vom Zielsatz stehen immer noch da, doch am meisten Spaß macht Sandra die Sache mit der Stoppuhr.

Sie werden inzwischen sicher schon vermuten, wer dieses Mädchen ist – es ist unsere Tochter. Sandras eigenes Fazit nach drei Monaten lautet: „Am lustigsten ist der Wettbewerb, den ich mit mir selbst mache. Jede Woche finde ich einen „Siegertag“. Und ab und zu schaue ich beim Hausaufgaben-Machen zwischendurch auf die Stoppuhr. Dann fällt mir auf, wie lange ich schon arbeite – und dann mache ich ganz schnell weiter.“ Auf die Frage, was da denn eigentlich gewirkt hat, antwortet sie: „Die Hausaufgaben-Fee hat mir die Sachen zugeflüstert. Und der Satz hilft mir, so daß ich weiß, was es mir nützt, wenn ich die Hausi schnell mache!“

Sandra sitzt inzwischen regelmäßig viel weniger als eine Stunde an ihren Hausaufgaben und ist damit absolut im Zeitraum, den die Lehrerin genannt hat. Oft erledigt sie die Hausaufgaben in 10–20 Minuten. Sie macht ihre Hausaufgaben komplett selbständig und muß nach dem Mittagessen nicht einmal mehr ans Anfangen erinnert werden.

Was viel wichtiger ist: Es macht ihr Spaß!

Kapitel 3

„Mama, das verstehst du nicht!"

Erfolgreiche Kommunikation – Wie Eltern und Kinder sich besser verstehen

In den ersten beiden Kapiteln haben wir uns mit den Themen Motivation und Zielfindung auseinandergesetzt: Wie bekommen Kinder „Lust auf Schule"? Was ist ein gutes, d.h. ein persönlich sinnvolles Ziel? Wie können Eltern ihre eigenen Ziele von denen ihrer Kinder trennen? Dabei wurde deutlich, wie wichtig es ist, nicht nur Probleme zu wälzen, sondern zunächst einmal die eigenen Ziele zu klären.

Bleiben wir zunächst einmal bei der einfacheren Variante: Eltern und Kinder verfolgen ein gemeinsames Ziel. „Spaß beim Lernen haben" oder „Mit Freude in die Schule gehen" könnten Ziele sein, über die wir uns mit Kindern einig sind. Wenn wir Eltern unsere Ziele gemeinsam mit den Kindern abstimmen, können wir beide am selben Strang ziehen. Oft ist es ja leider so, daß wir dazu neigen, den Schwarzen Peter reihum zu schieben. Immer ist der andere zuständig, und er soll doch bitteschön endlich das Problem lösen! Statt uns gegenseitig Vorwürfe zu machen, könnten wir aber auch beginnen, Wege zu einem gemeinsamen Ziel zu suchen. Wenn wir uns über ***unsere*** eigenen Ziele klar sind, wird es uns leichter fallen, auch unsere Kinder dabei zu unterstützen, ***ihre*** persönlichen Ziele zu finden.

Die Ziele von Eltern und Kindern können sich bekanntlich von Zeit zu Zeit gewaltig voneinander unterscheiden. Wer hat dann recht? Gibt es „richtige" und „falsche" Ziele? Wie können wir mit der Tatsache umgehen, daß wir als Eltern zuweilen andere Ziele in den Mittelpunkt stellen als unsere Kinder – gerade wenn es um ein so heikles Thema wie Schule geht? In der Regel ist ein großer Unterschied der Zeitrahmen: Eltern denken eher langfristig – „So verbaut er sich ja sein ganzes Leben, wenn er nicht besser für die Schule lernt!" Jüngere Kinder haben dagegen eher einen engeren Zeitrahmen – „Ich komme heute ja gar nicht mehr zum Spielen, wenn ich jetzt die blöde Hausi anfange!"

In jedem Fall bringt uns die Frage nach Zielen einen großen Schritt voran. Wenn sich auch unsere Ziele (noch) voneinander unterscheiden, haben wir immerhin eines schon geschafft: Wir haben unsere Aufmerksamkeit von dem, was stört – dem Problem – umgelenkt auf das, was erstrebenswert und interessant ist – das Ziel. Wenn wir über unsere Ziele reden und nicht mehr nur über Probleme klagen und schimpfen, wird der Weg frei für gegenseitiges Verstehen und Unterstützen. In diesem Kapitel beschäftigen wir uns also mit der einfachen und dennoch so komplexen Frage, wie Eltern und Kinder sich besser verständigen und damit auch besser verstehen können. Das ist sicher interessant im Hinblick auf die Klärung gemeinsamer Ziele, doch beileibe nicht nur dort!

Wie Eltern und Kinder sich besser verstehen

Gerade in der Familie wird sehr viel miteinander geredet. „Moderne" Eltern wissen, daß es wenig bringt, wenn sie ihre Kinder nur mit starren Geboten konfrontieren. Aus eigener leidvoller Erfahrung kennen manche von uns noch autoritäre Sätze wie „So lange du deine Füße unter meinen Tisch streckst, machst du, was ich dir sage!" „In der Schule ist man aufmerksam und höflich!" „Hausaufgaben müssen fehlerlos sein!" In zahlreichen Büchern, Fernsehsendungen, Experten-Diskussionen und anderen Quellen hören und lesen Eltern, daß es besser ist, wenn sie ihre Kindern partnerschaftlich behandeln, mit ihnen reden und Probleme ausdiskutieren. Soweit die Theorie – doch wie sieht die tägliche Praxis aus?

Lassen wir betroffene Eltern zu Wort kommen: „Ich rede und rede, doch das geht bei meinem Sohn beim einen Ohr hinein, beim anderen hinaus." „Sie hört mir einfach nicht zu. Sobald ich mit dem Thema Schule anfange, schaltet sie auf Durchzug." „Ich verstehe das nicht: Sie erzählt so wenig von der Schule. Wie soll ich ihr denn helfen, wenn sie sich verschließt?" „Ich bemühe mich wirklich, ruhig zu bleiben. Doch wenn er dann wieder so pampig wird, gehe ich sofort in die Luft. Da muß man ja wütend werden!" Dies sind nur einige Zitate genervter und hilfloser Eltern – vielleicht kennen Sie manches davon ja aus eigener Erfahrung. So verschieden die Beispiele sind, ist ihnen allen eines gemeinsam: Die Verständigung zwischen Eltern und Kindern ist problematisch. Sie reden zwar miteinander, doch verstehen sie sich auch? In der Praxis finden wir häufig den Fall, daß Eltern und Kinder bloß aufeinander einreden. Wirklich miteinander reden sie nicht.

Vom Verstehen zum Verständnis

Was bedeutet eigentlich „Verstehen"? Verstehen sich zwei Menschen, wenn sie über das gleiche reden? Oder verstehen sie sich dann, wenn einer die Meinung des anderen übernimmt? Was bedeutet eigentlich Verständnis?

Gehen wir diesen Fragen genauer nach, so wird schnell deutlich, daß die Begriffe *Verständigung, Verstehen und Verständnis* zwar miteinander verwandt sind, doch unterschiedliche Schwerpunkte setzen. Wenn wir bei unseren Kindern nicht nur „gegen die Wand" reden wollen, ist es sinnvoll, diese Schwerpunkte einmal genauer zu betrachten.

Verständigung bezieht sich auf den *Inhalt* dessen, was geredet wird. Wenn wir mit einem anderen Menschen reden, gehen wir in der Regel davon aus, daß der andere schon wissen wird, was wir meinen. „Das ist doch sonnenklar – das weiß doch jeder." Wir leben schließlich in der gleichen Welt und sprechen die gleiche Sprache, deshalb verständigen wir uns doch miteinander – oder etwa nicht?

Dazu ein Beispiel: Unsere siebenjährige Tochter Sandra wurde während einer gemeinsamen Autofahrt von einer

Freundin gefragt: „Was machen deine Eltern eigentlich?" „Sie halten Seminare", war die Antwort, die auf große, verständnislose Augen stieß. „Seminar, was ist denn das?" fragte die Freundin nach. „Na ja, das sind eben so Kurse." Die Freundin war nach dieser Antwort auch nicht wesentlich schlauer als vorher und verlor die Lust an der Unterhaltung. Die nächsten Kilometer verliefen schweigend. – Sandras Freundin konnte weder mit dem Wort „Seminar" noch „Kurs" eine innere Bedeutung verbinden. Da Sandra das nicht bemerkte und deshalb auch keine weiteren Erklärungen lieferte, brach die Verständigung an dieser Stelle ab.

Jeder von uns hat in der Schule Rechtschreibung und Grammatik gelernt. Wir wissen also – zumindest in groben Zügen – wie wir Sprache „Regel-gerecht" gebrauchen können. Wir wissen, wie wir einen vollständigen Satz bilden, in welcher Reihenfolge die Satzteile stehen und vieles mehr. Wie weit dieses Wissen in unser unbewußtes Verhaltensrepertoire übergegangen ist, merken wir übrigens spätestens dann, wenn wir versuchen sollten, einige Regeln der Grammatik aus dem Stegreif zu erklären. Dennoch – oder vielleicht gerade deswegen – sind uns die Regeln der Sprache und der Verständigung geläufig.

In der Schule wird also der Regel-gerechte Gebrauch der Sprache erklärt. Doch es wird nicht unterrichtet, wie wir unsere Sprache im Umgang mit anderen Menschen nutzen können. Der „Partner-gerechte" Gebrauch der Sprache bleibt im dunkeln. Manche Erwachsenen versuchen später, dieses Dunkel zu erhellen. Sie melden sich z. B. für einen Kommunikationskurs an der Volkshochschule an, oder sie besuchen im Lauf ihrer beruflichen Fortbildung ein Seminar über Gesprächsführung. Doch das ist eher die Ausnahme, und der Partner-gerechte Gebrauch der Sprache bleibt im Alltag jedem selbst überlassen. Das ist der Boden, auf dem scheinbar kleine Mißverständnisse Wurzeln bilden und sich ausbreiten können, so daß oft beide Gesprächspartner mit dem schalen Gefühl zurückbleiben: „Muß ich denn alles zehnmal sagen?" – „Egal was ich antworte – es kommt sowieso nicht an."

Halten wir fest: **Verständigen** bedeutet also, sich über den Inhalt des Gesagten einig zu sein. Beim **Verstehen** geht es nun darum zu erkennen, was mir der andere wirklich sagen möchte. Ist das denn nicht das gleiche? könnten sie sich nun fragen. Nein, denn Verstehen geht ein großes Stück über das Verständigen hinaus.

Wir leben zwar in der gleichen Welt, doch jeder Mensch nimmt diese Welt auf seine ganz persönliche Weise wahr. Der eine achtet mehr auf das, was er sieht, und braucht Klarheit und Überblick, um den anderen zu verstehen. Ein anderer hört ganz genau hin, fragt sich, ob das denn harmonisch zusammenwirkt und versteht seinen Gesprächspartner dann, wenn er mit ihm im Einklang ist. Wieder ein anderer möchte die Welt vor allem spüren und erleben. Er will den anderen begreifen, damit er ihn verstehen kann. Jeder dieser drei wird so seine ganz persönliche (und weitgehend unbewußte) Reizauswahl treffen aus der Fülle der Reize, die uns ständig umgibt. So entstehen ganz unterschiedliche Vorstellungen von der Welt.

Eine alte indische Geschichte beschreibt das: „Drei Männer, die von Geburt an blind sind, werden zum ersten Mal in ihrem Leben zu einem Elefanten geführt. Auf die Frage, was denn das sei, ein Elefant, antwortet der erste: Das ist ein großes, rundes Tier, das die Form einer Röhre hat. Der zweite Mann beschreibt den Elefanten als eine Art Schlange, die ganz weich und beweglich ist. Der dritte schließlich findet den Elefanten hart, starr und kühl.“ Die Geschichte geht damit weiter, daß sich die drei ehrwürdigen Weisen fürchterlich in die Haare geraten, weil jeder die anderen davon überzeugen möchte, daß seine Version die richtige ist. Jeder der drei Männer hat seine Wahrnehmung treffend beschrieben – aber jeder hat eben nur einen Teil des Elefanten ertastet, je nachdem, ob er am Fuß, am Rüssel oder am Stoßzahn stand.

Wenn Eltern und Kinder über Schule reden, geht es ihnen häufig wie den drei Weisen mit dem Elefanten. Jeder ist von seiner Sicht der Dinge hundertprozentig überzeugt und kann sich beim besten Willen nicht vorstellen, daß der andere eventuell auch recht haben könnte. *„Ich kann das einfach nicht lernen. Das ist so langweilig, und außerdem bin ich müde, und ich kann das einfach nicht." – „Stell dich nicht so an, das ist doch eine Kleinigkeit. Wenn du dich nur einmal richtig konzentrieren würdest, dann wärst du im Nu fertig. Aber mit deiner Trödelei machst du alles nur noch schlimmer. Jetzt setz dich endlich mal auf deinen Hosenboden!" – „Aber ich kann das einfach nicht. Das ist zu schwer. Und Lust habe ich auch keine."*... So kann es noch lange hin und her gehen, ohne daß beide „Parteien" einen nennenswerten Fortschritt verzeichnen können. Jeder beharrt auf seinem Standpunkt – vom Verstehen sind sie weit entfernt.

Ein weiteres Beispiel: Florian kommt aus der Schule und läßt den Kopf hängen. Schweigend sitzt er beim Mittagessen. Auf die Fragen der Mutter, was denn los sei, antwortet er einsilbig. „Nichts. – Blöde Schule." Inhaltlich ist das leicht zu verstehen – doch was will Florian damit sagen? Welcher Appell steckt in dieser Antwort? Und was sagt Florian, indem er so einsilbig antwortet und eigentlich kaum etwas sagt? Damit die Mutter ihren Sohn verstehen kann, wird sie auf das hören, was Florian zwischen den Zeilen sagt. Vielleicht hatte er Ärger mit seinem besten Freund und braucht Ermutigung, um davon zu erzählen. Möglicherweise hat er eine schlechte Note kassiert oder ist mit dem Lehrer aneinandergeraten.

Verstehen wird leichter, wenn wir lernen, „zwischen den Zeilen" zuzuhören. Sobald die versteckten Bedeutungen offengelegt werden, können wir darüber sprechen und verstehen, was der andere meint. So lange es aber ungesagt im Raum stehenbleibt, können wir nur Vermutungen anstellen, was er vielleicht gemeint haben könnte. Dann drehen wir uns in unserer eigenen Welt im Kreis, anstatt den anderen in seiner Welt zu treffen.

Verstehen heißt, den anderen in seiner Welt zu treffen.

Wir Erwachsenen gehen meist wie selbstverständlich davon aus, daß unsere Sicht der Welt die richtige ist. Wir kennen uns aus in der Welt, wir wissen, worauf es ankommt, und wir haben „Lebenserfahrung". Kinder müssen noch viel lernen und sind dabei auf unsere Hilfe angewiesen. – Hier sind wir schon in die erste Falle getappt. Erwachsene wissen vielleicht mehr als Kinder, doch sie wissen es deshalb nicht automatisch besser. Damit Eltern und Kinder sich wirklich verstehen können, ist es notwendig, daß wir Erwachsenen uns von der Vorstellung verabschieden, unser Bild der Welt sei das einzig richtige.

Für diese Art von **Verstehen** ist es entscheidend, daß Eltern ihr Kind erst einmal wahrnehmen. Das ist wörtlich gemeint: Wer dabei den anderen wirklich wahr-nimmt, also offen ist für dessen individuelle Erfahrung der Welt, der wird ihn anschauen, ihm zuhören und be-greifen wollen, worum es ihm geht. So bekommen Eltern Zugang zur Welt ihres Kindes, und dadurch öffnet sich die Tür zum anderen. Wenn Eltern dagegen versuchen, ihre Kinder zu überzeugen, daß die Welt so ist, wie die Eltern sie sehen, wird diese Tür sehr schnell wieder verschlossen – wenn sie sich überhaupt geöffnet hat.

Wenn ein anderer uns nicht oder falsch versteht, denken wir im allgemeinen, daß dieser einen Fehler gemacht hat. „Wenn du nicht zuhörst, wenn ich mit dir rede, dann bist du selbst schuld, wenn du mich nicht verstehst." „Kannst du denn nicht hören – bei dir redet man ja gegen eine Wand!" Vor allem von Kindern erwarten wir, daß sie hören (und möglichst auch tun), was wir ihnen sagen. Diese Haltung ist weit verbreitet, doch leider wenig hilfreich. Dadurch verhärten sich die Fronten eher, es kommt zu Konflikten und Krisen. Ganz anders sind die Auswirkungen für die Verständigung, wenn wir den Spieß einmal umdrehen und vom genauen Gegenteil ausgehen: Wenn mein Kind mich nicht versteht oder mir nicht zuhört, ist das ein Hinweis für mich, daß **ich** die Tür zu ihm noch nicht gefunden habe. So kann meine Botschaft auch nicht ankommen.

Dieser Zusammenhang läßt sich in einem einfachen Bild veranschaulichen. Stellen Sie sich vor, Sie wollen mit Ihrem Kind Ballspielen. Wenn Sie nun den Ball einfach draufloswerfen, ohne sich darum zu kümmern, ob das Kind bereit zum Fangen ist, wird das Spiel wahrscheinlich nicht lange dauern. Sie werfen den Ball, das Kind kann ihn nicht gleich fangen, und so wird Ihnen der Spaß am Ballspiel bald vergehen. „So was Ungeschicktes!" Auch das Kind wird recht bald ärgerlich, denn es kann ja keinen Ball fangen. – Wenn Sie dagegen vor dem Werfen erst einmal schauen, ob das Kind auch gerade hersieht und bereit zum Fangen ist und dann Ihren Wurf den Fähigkeiten des Kindes anpassen, werden Sie beide wesentlich mehr Spaß haben.

Genau das bedeutet **„Verständigung":** Sie nehmen Kontakt auf zum anderen, achten darauf, ob er für Sie aufmerksam ist, und werfen dann Ihren „Ball". Die Frage, ob der andere gerade aufmerksam ist, scheint banal, ist aber von zentraler Bedeutung für guten Kontakt. Grundsätzlich können wir unsere Aufmerksamkeit nach außen oder innen richten – im einen Fall sind wir aufnahmebereit, im anderen nicht. Wenn unsere Aufmerksamkeit nach innen gerichtet ist, beschäftigen wir uns mit unseren inneren Bildern und Dialogen. Die Außenwelt ist kurzzeitig ausgeblendet und wird überlagert von Erinnerungen, Assoziationen und Selbstgesprächen. Sicher kennen Sie auch Fälle, in denen Sie Ihr Kind angesprochen haben, und es reagierte einfach nicht darauf. Später stellte sich heraus, daß es buchstäblich nichts gehört hatte. (Das passiert übrigens nicht nur bei Kindern!) Die Kommunikation lief also in diesem Fall ins Leere, weil der Empfänger auf Durchzug geschaltet hatte und nicht aufnahmebereit war.

Das sagt bisher noch nichts darüber aus, ob dieses Ausblenden bewußt oder unbewußt geschah, denn beides ist möglich. Wir können uns bewußt mit unserer Aufmerksamkeit in innere Bilder zurückziehen, wenn wir die Außenwelt nicht wahrnehmen wollen. Spätestens in der Schule wird diese Fähigkeit in der Regel perfekt beherrscht. Andererseits kann dieses Ausblenden auch unbewußt geschehen, zum Beispiel wenn mir mein Gesprächspartner etwas sagt, das in mir eine Erinnerung wachruft, die mich für kurze Zeit ganz in Beschlag nimmt... Die Energie, die uns zur Verfügung steht, ist begrenzt. Wenn wir unsere Aufmerksamkeit nach innen richten, bleibt weniger Energie übrig für „außen" und die Verständigung mit dem anderen. Für die Verständigung ist es übrigens weniger entscheidend, **warum** der andere seine Aufmerksamkeit nach innen richtet. Entscheidend ist viel mehr, **ob** der „Sender" bemerkt, wo sein Gegenüber mit seiner Aufmerksamkeit ist und sich dann drauf einstellt.

Gerade Kinder können sich gut in ihre eigene Welt zurückziehen, in der Erwachsene anscheinend nicht viel zu sagen haben. Wie können wir als Eltern ein Kind erreichen, das offensichtlich „anderswo" ist? Der erste und entscheidende Schritt ist es, zu erkennen, daß das Kind gerade mit seiner Aufmerksamkeit „innen" ist. Um diese dann nach außen zu holen, genügt es manchmal, das Kind mit seinem Namen anzusprechen. Ein veränderter Tonfall kann hier Wunder wirken – wenn ich vorher recht laut geschimpft habe und dann plötzlich viel leiser in einer anderen Stimmlage spreche, horchen viele Kinder auf. Damit ist die Tür schon ein Stück geöffnet. Eine weitere Möglichkeit ist es, eine zusätzliche Sinnesqualität ins Spiel zu bringen. Wenn ich das Kind berühre, am Arm fasse oder auf den Schoß nehme, bekomme ich auch körperlichen Kontakt zu ihm, der den weiteren Zugang erleichtern kann. Als weitere Tür zum anderen gibt es noch den Augenkontakt – wenn sich zwei Menschen direkt anschauen, ist es recht schwer, dabei mit der Aufmerksamkeit weit weg zu sein.

Die Fähigkeit, uns in einen anderen Menschen hineinzuversetzen, ist uns nicht angeboren. Kinder lernen dies etwa im 3. Lebensjahr, die einen etwas früher, die anderen etwas später. Dann weiß ein Kind, daß die Welt nicht nur so aussieht, wie sie ihm erscheint, sondern daß andere Menschen auch andere Gefühle haben können. Und damit hat es für sich selbst die Grundlage geschaffen, sich in einen anderen Menschen hineinzuversetzen. Dieser Lernprozeß dauert eine Weile und wird von außen dann zum Beispiel daran sichtbar, daß das Kind andere spontan tröstet. Als Erwachsene versetzen wir uns unbewußt und ganz automatisch immer wieder in die Welt des Kindes hinein – denn sonst könnten wir vieles nicht verstehen. Im Kindergarten unseres Sohnes fällt mir immer wieder auf, daß die Erzieherinnen in die Knie gehen, wenn sie mit einem Kind etwas Wichtiges besprechen oder etwas erklären wollen. Sie reden nicht „von oben herab", sondern gehen schon einmal rein äußerlich auf die Ebene des Kindes herunter. So ist der Blickkontakt leichter, die Kinder hören besser zu und verstehen auch vieles schneller. Zu Schulkindern muß man sich natürlich nicht mehr ganz so weit herunterbeugen, denn sie sind ja schon ein ganzes Stück größer – doch vielleicht haben Sie Lust, einmal bewußt auf die Ebene Ihres Kindes zu gehen und so seine Sicht der Welt ein Stückchen besser zu verstehen.

Fassen wir zusammen: **Verständigung** zwischen zwei Menschen gründet sich also auf mehrere Voraussetzungen. Um Zugang zum anderen zu bekommen, muß ich ihn erst einmal wahrnehmen – hinschauen, zuhören, be-greifen. Wenn ich offen bin für seine Wahrnehmung der Welt, ohne ihm meine Wahrnehmung als die einzig Wahre verkaufen zu wollen, vertieft sich dieser Kontakt. Aufrechterhalten wird er dann, wenn jeder von uns mit seiner Aufmerksamkeit größtenteils „außen" bleibt und nicht in die eigenen inneren Bilder und Dialoge abtaucht.

Verständnis beginnt dann, wenn wir den anderen verstehen und uns mit ihm verständigen. Beim Verständnis gehen wir sozusagen ein Stück mit in die Welt des anderen hinein. Wir betrachten uns die Welt einmal durch seine Augen, hören mit seinen Ohren und begreifen, wie er/sie die Welt erlebt. Wir begleiten ihn auf seinem Weg durch die Welt.

Kleine Kinder lernen diese Fähigkeit im dritten und vierten Lebensjahr. Vorher sind sie noch nicht stabil in der Lage, sich in die Position eines anderen hineinzuversetzen. Diese Fähigkeit, sich in einen anderen Menschen hineinzudenken und zu -fühlen, verbessern wir im Laufe unseres Lebens. Doch gerade in schwierigen und streßbeladenen Situationen greifen wir leider recht selten darauf zurück – obwohl es ein großer Schritt zum gegenseitigen Verständnis bedeuten würde.

Gelungene Kommunikation – wie geht das?

Soweit einige Gedanken über gegenseitiges Verstehen und Verständnis. Wie kann das im Alltag aussehen? Was können Eltern konkret tun, wenn gerade einmal wieder Sand im Getriebe der Kommunikation ist?

Zu einem Gespräch gehören mindestens zwei: einer, der redet und einer, der zuhört. Wenn die Anteile von Reden und Zuhören ausgewogen sind, wird es ein gutes Gespräch, das für beide befriedigend ist. Eltern haben häufig die Tendenz, Monologe zu halten, statt mit ihren Kindern zu reden. Der Grund dafür ist meist recht einfach: ein unangenehmes Thema möglichst schnell abhaken können. Wer das „Gespräch" in dieser Weise rasch hinter sich bringen will, der wird eher weniger darauf achten, wie es beim Kind ankommt. „Augen zu und durch" lautet eher die Devise.

Gerade in der Schule wird von einem Kind verlangt, lange und konzentriert zuzuhören. Eine Anekdote dazu aus unserer eigenen Familie: Als unsere Tochter eingeschult wurde, hatten die Kinder der zweiten Klasse für die neuen Abc-Schützen eine kurze Lieder-Aufführung einstudiert. Sie sangen ein Kinderlied, und nach jeder Strophe des Liedes traten zwei Kinder vor, um den neuen Schulkindern zu erklären, worauf es in der Schule ankommt. Wir trauten unseren Ohren kaum, denn der erste Satz war „In der Schule lernen wir stillsitzen", der zweite „In der Schule lernen wir zuhören". Alles weitere – Lernen, Gemeinsamkeit erleben, neue Erfahrungen machen – kam erst danach an die Reihe.

Diese kleine Episode ist typisch für unser Schulsystem. Kinder werden dazu erzogen, still zuzuhören. Jüngere und fortschrittliche Lehrer wissen zwar, daß es verschiedene „Lerntypen“ gibt und erzählen davon bei Informationsabenden für Eltern. Die Kinder mit einem visuellen Lernstil wollen den Stoff sehen. Die auditiv veranlagten Kinder möchten darüber reden, und die motorisch veranlagten Kinder lernen am besten, wenn sie be-greifen und ausprobieren dürfen. Doch kann in keiner Regelklasse mit bis zu 32 Schülern eine einzelne Lehrkraft wirklich so differenziert auf einzelne Lernbedürfnisse eingehen – vor allem, wenn wir uns anschauen, wie wenig derartige Inhalte nach wie vor in der pädagogischen Ausbildung gelehrt und geübt werden.

Was heißt das für uns Eltern? Statt die Kinder auch zu Hause weiter mit Vorträgen zu konfrontieren, können wir für ein gesundes Gleichgewicht sorgen. Unsere Kinder sind mehr als bloße Zuhörer! Nehmen wir uns als Eltern wirklich einmal Zeit, um auf sie einzugehen!

In der Regel haben Kinder gut gelernt, bei einem elterlichen Vortrag auf Durchzug zu schalten. „Bei dir redet man wieder mal gegen die Wand – du hörst mir ja gar nicht zu!“ beschweren wir uns dann. Statt sich über die mangelnde Aufmerksamkeit der Kinder zu beklagen, kann es durchaus hilfreich sein, wenn wir uns einmal an ihre Stelle versetzen und unseren eigenen Vortrag sozusagen von außen anhören. Wie reden wir eigentlich im Alltag mit unseren Kindern? Wenn wir eine Tonbandaufzeichnung anhören würden, wie klingt unser Umgangston – befehlend, ungeduldig, genervt, leidend oder sachlich, freundlich, klar? Wie sind die Rede-Anteile: Wann und wie lange reden wir – wann hören wir dagegen einmal den Kindern zu? Hören wir dann auch wirklich zu, oder warten wir nur darauf, daß wir wieder an die Reihe kommen?

„Zuhören“ ist auf vielfältige Weise möglich. Ich kann interessiert zuhören oder gelangweilt, aufmerksam oder passiv, offen oder voreingenommen, freundlich oder mürrisch... Je nachdem, mit welcher inneren (und äußeren) Haltung ich zuhöre, werde ich ganz unterschiedliche Reaktionen meines Gesprächspartners erhalten. Wenn Sie wieder einmal das Gefühl haben, bei Ihrem Kind gegen eine Wand zu reden, schalten Sie einmal bewußt auf „Zuhören" um. Wie geht es ihrem Kind eigentlich? Wie klingt seine Stimme, wie ist seine Stimmung? Kinder können eine Menge erzählen, wenn sie die Gelegenheit dazu bekommen und einen aufmerksamen Zuhörer haben. Je nach Alter des Kindes können wir sie dabei unterstützen, zum Beispiel durch Körperkontakt, Blickkontakt, direkte oder indirekte Fragen. Auch ein ruhiger und gemütlicher äußerer Rahmen wirkt sich positiv aus – viele unserer „guten" Gespräche haben wir abends auf der Bettkante geführt.

Gesucht: Ein guter Zuhörer

Vielleicht kennen Sie ja selbst einen Menschen, den Sie für einen guten Zuhörer und angenehmen Gesprächspartner halten. Das mag in einem völlig anderen Kontext sein, denn um den Inhalt geht es uns momentan gar nicht. Statt dessen ist interessant, wie denn dieser Mensch das macht – was tut er, so daß Sie den Eindruck haben, er hört gerne und „gut" zu? Sie suchen sich also ein „Modell" für gutes Zuhören.

Am leichtesten lassen sich diese Fragen beantworten, wenn Sie sich eine konkrete Situation in Erinnerung rufen, bei dem Ihr „Modell" in Aktion war. Vielleicht war das ein Gespräch, das Sie selbst mit ihm/ihr hatten, möglicherweise waren Sie aber auch ein außenstehender Betrachter. In jedem Fall haben Sie Ihr Modell in Aktion erlebt.

Nun kommt ein kleines Gedankenexperiment:

- Wenn Sie sich die Situation vorgestellt haben und Ihrem Modell eine Weile zugesehen und zugehört haben, dann stellen Sie sich vor, wie Sie jetzt in den Körper Ihres Modells schlüpfen würden. Sie schauen durch seine Augen, sprechen mit seiner Stimme und hören durch seine Ohren. Zunächst mag sich das seltsam anhören – doch diese Form des Rollenwechsels ermöglicht uns, unmittelbare und ganzheitliche Informationen darüber zu bekommen, wie unser Modell denkt, fühlt und handelt. Nehmen Sie sich dafür ruhig eine Weile Zeit, um die ganze Situation auf diese „neue" Weise wahrzunehmen.

- Wenn Sie genug erfahren und erlebt haben, steigen Sie wieder aus der Rolle aus. Fassen Sie dann für sich selbst Ihre wesentlichen Erfahrungen zusammen: Wie redet ihr Modell, wie hört er/sie dem anderen zu?
- Nun kommt der eigentlich spannende Schritt im Experiment: Sie lassen nun ihr Modell mit Ihrem Kind reden. Nehmen Sie dazu ruhig eine etwas knifflige Situation und spielen Sie sie in Gedanken durch. Hören Sie Ihrem Modell und Ihrem Kind bei der Unterhaltung zu.
- Und nun sortieren Sie Ihre Beobachtungen und Ideen: Welche Anteile oder Verhaltensweisen meines Modells möchte ich für mich selbst übernehmen? Was davon will ich ausprobieren? Vielleicht wollen Sie kleine Änderungen vornehmen – tun Sie es! Es geht nicht darum, daß Sie nun zum Abziehbild Ihres Modells werden, sondern daß Sie die sinnvollen und passenden Anteile auswählen, die Sie selbst umsetzen wollen.
- Abschließend spielen Sie in Gedanken ein Gespräch mit Ihrem Kind durch und setzen dabei alle Ideen und Anregungen aus den vorigen Schritten selbst ein. Wie verändert sich das Gesprächsklima, die Stimmung, die Ergebnisse? Wenn Sie noch nicht ganz zufrieden sind, gehen Sie ruhig noch einmal zurück und beobachten Sie Ihr Modell aufs neue. Mit dieser neuen Anregung gehen Sie dann selbst wieder ins Gespräch mit Ihrem Kind. Spielen Sie dies so lange durch, bis Sie zufrieden sind.
- Jetzt wird es spannend: Wann wollen Sie Ihre Ideen in die Praxis umsetzen? Finden Sie eine konkrete Gelegenheit, wo Sie dieses Gespräch mit Ihrem Kind führen.

Ein ganz besonderer Zuhörer war zum Beispiel Carl Rogers. Er hat aus der Kunst des guten Zuhörens eine ganze psychotherapeutische Methode entwickelt: die klientenzentrierte Gesprächspsychotherapie. Wie hat Carl Rogers zugehört – was war daran besonders? Zunächst einmal – und das ist gerade im Gespräch mit Kindern besonders wichtig – hörte Rogers dem anderen wirklich aufmerksam zu. Sein Ziel war es, die „Welt" seines Partners wirklich kennenzulernen. Er wollte wissen, wie es in dieser Welt zugeht, was der andere denkt und wie er sich fühlt. Doch das war nicht alles, denn nun kommt das, was aus dem Zuhören eine „Kunst" macht: Rogers ging nicht automatisch davon aus, daß er seinen Partner wohl richtig verstanden hatte. Er begleitete seinen Gesprächspartner also in seine Welt – und vergewisserte sich immer wieder, daß sie noch gemeinsam unterwegs waren. Diese Methode wird „aktives Zuhören" genannt.

Wie geht aktives Zuhören?

- Zunächst nehme ich mir Zeit für das Gespräch. Wie oft hören wir angeblich zu und sind mit unseren Gedanken eigentlich weit weg vom anderen? Rogers zeigte seinem Partner, daß er an ihm interessiert war – zum Beispiel über aufmerksamen Blickkontakt.
- Dann höre ich dem anderen zu.
- Schließlich formuliere ich noch einmal in meinen eigenen Worten, was ich eben gehört habe. Ich übersetze also das, was mein Partner gesagt hat, in mein Modell der Welt.
- Nun kann der Partner zustimmen – ja, genauso habe ich es gemeint – oder mich korrigieren. In beiden Fällen fühlt er sich ernst genommen, und das Gespräch geht voran.

Dieses Wiederholen hat zwei Vorteile: Zunächst bekommen wir dadurch die Sicherheit, daß wir den anderen wirklich verstanden haben. Wir haben uns nicht nur verständigt, sondern sind auf dem Weg zum gegenseitigen Verständnis einen Schritt vorangekommen. Der zweite Vorteil betrifft den Partner selbst: Er hört sozusagen seine Gedanken noch einmal und kann so prüfen, ob er auch wirklich gemeint hat, was er gesagt hatte. Besonders für die Kinder, die noch nicht so geübt sind, ihre Gefühle sprachlich angemessen auszudrücken, ist diese Hilfe wichtig.

Betrachten wir das an einem Beispiel: *„Mama, ich will nicht mehr in die Schule – nie mehr!“* Die Mutter könnte nun anfangen, mit ihrem Kind zu argumentieren und Gründe dafür bringen, warum das Kind in die Schule gehen muß. Sie kann aber auch zunächst einmal einen Rahmen für ein Gespräch schaffen und einfach zuhören.

„Komm, darüber reden wir mal; setz dich doch zu mir. – Du willst da also nicht mehr hingehen. Erzähl mal.“
„Ich gehe da nicht mehr hin. Die sind alle ganz blöd.“
„Du hast dich geärgert über die – über wen denn besonders?“
„Der Florian hat gesagt, mit mir spielt er nicht mehr. In der Pause hat er mich einfach allein stehengelassen. Und die Lehrerin hat mich heute auch ausgeschimpft.“

Schon sind Sie mitten im Gespräch. Sie haben die Tür geöffnet und dürfen Ihr Kind ein Stück in seine Welt hinein begleiten. So können Sie Einblicke in die „Schul-Welt" Ihres Kindes bekommen, die Ihnen mit Sicherheit versagt bleiben, wenn Sie nur einen Vortrag über Schulpflicht halten.

Mancher Erwachsene ist vielleicht geneigt, an dieser Stelle zu antworten „Ach komm, so schlimm wird es schon nicht gewesen sein. Da brauchst du dich doch nicht so zu ärgern." Was passiert hier? Der Erwachsene geht mit in die Welt des Kindes und versteht „Ärger". Doch nun nimmt er sein eigenes Wertsystem und legt es auf die Erfahrungen seines Kindes. Er zahlt mit der falschen Währung in diesem Land. Das ist das große Risiko bei falsch verstandenem Trost. Statt das Kind mit seinen Gefühlen ernst zu nehmen – ***wahr-zunehmen*** –, wiegeln wir ab. Wenn dies regelmäßig geschieht, wird das Kind im Laufe der Zeit das Zutrauen in seine eigene Wahrnehmung verlieren, denn die ist ja offensichtlich nicht richtig. Was die Eltern sagen, wird schon stimmen. Und später, vielleicht im Erwachsenenalter, muß man dann die Fähigkeit, auf die eigenen Gefühle zu vertrauen, wieder mühsam „ausbuddeln".

Wir Erwachsenen neigen oft dazu, vorschnelle Lösungen anzubieten. Noch bevor das Kind richtig ausgeredet hat, sind wir schon mit Trost bei der Hand. Lassen Sie sich und Ihrem Kind Zeit! Zuhören kann auch einmal wehtun, weil wir doch so viele Lösungsmöglichkeiten für die Probleme unsere Kinder wissen würden. Doch mit vorschnellen Vorschlägen und „Trösterchen" tun wir den Kindern keinen Gefallen. Wir erleichtern ihnen zwar kurzfristig die Situation, doch bei der nächsten Schwierigkeit stehen sie wieder ratlos davor. Aufrichtiges Zuhören und Unterstützung dabei, daß die Kinder selbst ihre eigene Lösung des Problems finden, ist dagegen eine Hilfe, die sich wirklich lohnt.

Aktives Zuhören bedeutet übrigens nicht „für den anderen reden". „Ich weiß schon, was du sagen willst, nämlich...!" Nehmen Sie Ihrem Kind das Wort nicht aus dem Mund, indem Sie seine Sätze selbst vollenden, wenn es ins Stocken kommt. Wenn Sie ihm Zeit geben, kommen die Worte schließlich wie von selbst.

Nicht immer können wir Erwachsenen im Alltag soviel Zeit und Geduld aufbringen. Da ist vielleicht ein kleineres Geschwisterkind, das selbst Aufmerksamkeit möchte und wirksam jedes ernsthafte Gespräch mit dem größeren Kind verhindert. Oder wir sind selbst müde oder einfach ungeduldig. Gründe, warum wir den Kindern *nicht* zuhören können, gibt es sicher jede Menge – doch immer wieder bieten sich Gelegenheiten zum Zuhören. Solche Gespräche müssen gar nicht lange dauern. Manche Kinder werden abends gesprächig, wenn Mutter oder Vater noch auf der Bettkante sitzen zum Gute-Nacht-sagen. Andere kommen tagsüber zwischendurch kurz zum Kuscheln vorbei und fangen an zu reden, wenn sie dazu ermutigt werden. Nutzen Sie solche alltäglichen Gelegenheiten, wenn Ihr Kind erzählt. Nehmen Sie sich immer wieder einmal Zeit und hören Sie wirklich zu – so kann das Verständnis auf einer anderen, tieferen Ebene wachsen.

Ich-Botschaften: Ich zeige dir meine Welt

Bisher haben wir von Carl Rogers also zwei Dinge gelernt: Zunächst höre ich aufmerksam zu, um den anderen in seine Welt zu begleiten. Dann formuliere ich das Ganze in meinen eigenen Worten noch einmal. So können wir beide prüfen, ob ich den anderen richtig verstanden habe und ob er/sie sich auch verstanden fühlt.

Carl Rogers hat uns deutlich gemacht, welchen Stellenwert die persönliche Beziehung beim gegenseitigen Verstehen hat. Ich kann nur dann wirklich aufmerksam zuhören, wenn ich meine Aufmerksamkeit für kurze Zeit ganz auf den anderen richte. Wenn ich aber noch mit mir selbst beschäftigt bin, mit eigenen Problemen, Gedanken und Bewertungen, kann ich kein aufmerksamer Zuhörer sein.

Sollen wir unsere Gefühle deswegen beim Zuhören abschalten? Rogers würde antworten: „Nein, im Gegenteil – zeig dem anderen deine Gefühle." Rogers wählte einen Weg, der für einen Therapeuten zu seiner Zeit sehr ungewöhnlich war: Er teilte seinem Partner mit, was innerlich bei ihm selbst ablief. Er zeigte seine eigenen Gefühle und Reaktionen. „Mich berührt, was du mir erzählst. Es läßt mich nicht kalt", könnte man diese Haltung übersetzen. Genau darauf kommt es an. Aktiv zuhören und umformulieren kann man üben, doch ohne diese Haltung von innerer Beteiligung bleibt es eine seelenlose Technik. So werden wir unseren Gesprächspartner nicht erreichen – unsere Kinder schon gar nicht. Kinder sind sehr feinfühlig, wenn es darum geht, ob etwas ehrlich gemeint ist. Sie lassen sich nichts vormachen und reagieren auf Unehrlichkeit schnell mit Konfrontation.

Aktiv zuhören bedeutet also, daß wir beim Zuhören unsere eigene Resonanz wahrnehmen. Wir begleiten den anderen nicht wie ein Roboter in seiner Welt, sondern als Mensch mit Gefühlen und Reaktionen. Diese Gefühle können wir dem anderen zeigen.

Dazu möchte ich einen Schüler von Carl Rogers zitieren, der sich ausführlich mit der Verständigung in Familie und

Schule befaßt hat. Das Buch „Die Familienkonferenz" von Thomas Gordon ist vielen Eltern, Erziehern und Lehrern ein Begriff. Gordon beschreibt darin sehr detailliert einen partnerschaftlichen Ansatz für das Familienleben. Sein Schlüssel zur gegenseitigen Verständigung sind „Ich-Botschaften". Dadurch können wir uns dem anderen verständlich machen. Ich-Botschaften sind also eine Möglichkeit. So können wir unser eigenes Bild der Welt für das Kind transparent und erlebbar machen oder ihm zeigen, wie wir uns beim „Begleiten" in seiner Welt fühlen.

Was ist der Unterschied zwischen Ich- und Du-Botschaften in der Auswirkung auf den Gesprächspartner? In einer Ich-Botschaft übernehme ich selbst die Verantwortung für meine Gefühle. „Ich bin sauer!" Ich zeige meinen Ärger, doch ich mache **nicht** das Kind dafür verantwortlich. Mit Du-Äußerungen wie „Du machst mich noch wahnsinnig mit deiner Trödelei!" würde ich dagegen die Verantwortung für meine eigenen Gefühle an das Kind abschieben.

Kinder können vieles – doch ob wir wütend werden oder nicht, liegt in unserer eigenen Entscheidung. Es mag durchaus sein, daß wir diese Entscheidung nicht bewußt treffen, sondern uns dabei von vielen unbewußten Faktoren und Erinnerungen beeinflußt fühlen – doch es ist und bleibt unsere eigene Entscheidung, nicht die des Kindes. Wenn wir diese Eigenverantwortung für unsere Gefühle und unser Handeln annehmen, werden wir wirklich erwachsen. Viele Erwachsene halten sich dafür, wollen aber immer noch die Verantwortung abgeben wie ein Kind, das seine Mutter anschreit „Du bist selber schuld, daß ich so eiskalte Hände habe! Warum hast du mir auch keine Handschuhe angezogen?!"

Wie reden Sie normalerweise mit Ihrem Kind? Hören Sie sich selbst einmal beim Reden zu – wie ist das Gleichgewicht zwischen Ich-Botschaften und Anweisungen, Forderungen und anderen „Du-Botschaften"? Es kann hilfreich sein, die eigenen typischen und häufigen „Du-Formulierungen" in einer stillen Minute oder mit einem Partner gemeinsam in Ich-Botschaften zu „übersetzen". Nach dieser Vorbereitung wird es

Ihnen leichter fallen, auch in der schwierigen Situation bei der Ich-Botschaft zu bleiben.

Ziel einer Ich-Botschaft ist es also, dem anderen die eigenen Gefühle offen und nachvollziehbar zu zeigen. Wir stellen uns auf eine Stufe mit dem Kind und steigen von unserem Podest des Besserwissens herunter. Gerade für Eltern ist das zunächst ungewohnt. Wie werden die Kinder darauf reagieren? Die Erfahrung zeigt, daß sie durchaus erleichtert reagieren, wenn sie erleben, daß ihre Eltern ihnen auch einmal ehrlich ihre Gefühle zeigen. Wenn wir meinen, unsere Kinder hier schonen zu müssen, enthalten wir ihnen etwas ganz Entscheidendes vor. Damit sich Kinder in ihrer Welt zurechtfinden, brauchen sie Reaktionen auf ihre Handlungen. „Wenn ich mich so verhalte, wird der andere wahrscheinlich böse/traurig/ärgerlich... reagieren" würde das übersetzt in die Sprache Erwachsener heißen. Die Entscheidung, wie sich das Kind dann tatsächlich verhält, nehmen wir ihm durch eine Ich-Botschaft nicht ab. Wir bieten ihm aber statt dessen Orientierungspunkte.

Heißt das, wir sollen als Erwachsene hemmungslos herumschreien und so unsere Gefühle zeigen? Eben nicht – denn das ist gerade keine Ich-Botschaft, sondern ein Abreagieren eigener Gefühle auf Kosten des Kindes. Für jeden von uns ist es immer wieder einmal wichtig, den Überdruck aus einem Dampfkessel unserer Gefühle herauszulassen – doch das darf nicht auf Kosten Schwächerer geschehen. Mit einem unkontrollierten Gefühlsausbruch überfordern und verstören wir Kinder.

Auch hier ist das Ziel wieder ein Gleichgewicht: eigene Gefühle ehrlich zeigen und Rücksicht darauf nehmen, in welcher Form das Kind dies aufnehmen, verstehen und verarbeiten kann. Kinder können mit ehrlichen Emotionen umgehen und nehmen davon gewiß keinen Schaden. Im Gegenteil, sie lernen daraus, daß es erlaubt ist, Gefühle zu zeigen, und daß es manches Problem entschärfen kann, wenn der „Dampf" abgelassen werden darf. Danach kann man sich nämlich um sachliche Lösungen kümmern.

Fassen wir zusammen: Verstehen wird möglich, wenn wir von unserer überlegenen Position herunterkommen auf die Ebene des Kindes. Dann können wir seine Welt wahr-nehmen, seine Bedürfnisse, Absichten, Ziele und auch die Hindernisse auf dem Weg. Dazu ist mehr nötig als Ratschläge, Rezepte und Mittelchen. Indem wir uns so für unser Kind öffnen, machen wir uns selbst verletzlich, denn wir sind nicht mehr auf einer außenstehenden, sicheren, wissenden Position. Durch aktives Zuhören finden wir zu einer offenen Verständigung, in der die Eltern nicht „die Weisheit gepachtet haben", sondern auch bereit sind, von ihren Kindern zu lernen. Ich-Botschaften sind konkrete Hilfen im Alltag. Sie werden ihre Wirkung jedoch nur dann entfalten können, wenn sie in einer Atmosphäre gegenseitiger Wertschätzung und Achtung gegeben werden. Offene Kommunikation setzt gegenseitige Achtung voraus. Achtung bedeutet, daß wir respektieren, daß jeder die Welt auf seine eigene Weise wahrnimmt, versteht und bewertet. Diese Wahrnehmungen sind weder richtig noch falsch, sondern einfach unterschiedlich. Die Unterschiede sind keine Bedrohung für unsere elterliche Autorität, sondern können eine Bereicherung unserer eigenen Wahrnehmung sein.

Kapitel 4

„Ich fühle mich so hilflos!"

Auch Eltern waren einmal Schüler

Eltern, Kinder und die Schule – das ist für viele Familien wie eine unendliche Geschichte. Kaum ein anderes Thema ist ein derartiger „Dauerbrenner" in Gesprächen mit Familien. Warum das so ist, läßt sich leicht erklären: Wir alle waren selbst einmal Betroffene. Unser Schul-Leben als Schüler haben wir Erwachsenen zwar hinter uns – zum Glück, wie mancher erleichtert aufatmet –, doch die Erfahrungen, die wir während unserer eigenen Schulzeit gemacht haben, begleiten uns auch heute noch. Auch ohne daß wir bewußt darüber nachdenken, haben wir sie sozusagen im „Rucksack" unserer Erfahrungen dabei. Manchmal genügt ein scheinbar kleiner Anlaß im Alltag, und diese eigenen Erfahrungen werden mit einem Schlag wieder ganz lebendig.

Dazu ein Beispiel: Eine Mutter erzählt ihrer Freundin von den Schulproblemen ihres Sohnes Florian. Er bringt nicht die Leistungen, die er bringen könnte, hat zudem fortwährend Probleme mit den Lehrern und hat in der Klasse kaum Freunde. Die Situation ist zwar nicht gerade neu, doch an diesem Tag gab es wieder einmal besonderen Ärger in der Schule, weil Florian in der Pause mit einem Klassenkameraden aneinandergeraten war. Bei der so entstandenen Rauferei wurde der andere beteiligte Junge verletzt und mußte zum Arzt. Am Nachmittag klingelte bei Florians Mutter das Telefon – die Klassenlehrerin rief an. Die Mutter war innerlich gewappnet, denn Florian hatte ihr alles bereits erzählt. Aus seiner Sicht war die Verletzung ein dummer Unfall, von ihm nicht beabsichtigt. Und außerdem hatte ihn der andere Junge schon die ganze Zeit geärgert und gepiesackt. Florian fühlt sich zu Unrecht von der Lehrerin ausgeschimpft. „Die mag mich ja sowieso nicht!"

Während die Mutter mit der Lehrerin telefoniert, geschieht etwas Merkwürdiges: Sie hatte sich zuvor schon Argumente zurechtgelegt, um der Lehrerin Florians Sichtweise verständlich zu machen. Doch im Verlauf des Gesprächs sind diese Argumente plötzlich wie weggeblasen. „Wer hat denn nun eigentlich recht?" beginnen sich innere Zweifel zu melden. Die Lehrerin nimmt das Gespräch zum Anlaß, um gleich noch über ein paar weitere unangenehme Vorfälle mit Florian zu berichten. Die Mutter fühlt sich zunehmend unsicher. Ihre Stimme wird immer leiser, und in ihrem Kopf kreisen die Gedanken wie wild durcheinander. Doch wie soll sie diese Gedanken formulieren? Die Mutter ist froh, als die Lehrerin das Gespräch schließlich mit einigen deutlichen Ermahnungen beendet. Sie ist danach ganz durcheinander und fühlt sich unsicher. „Was ist da eigentlich mit mir passiert?" fragt sie sich und weiß darauf keine rechte Antwort.

Was diese Mutter während ihres Telefonats erlebt hat, ist keine Seltenheit. Viele Erwachsene „stehen innerlich stramm", wenn sie mit den Lehrern ihrer Kinder reden sollen. Ausgewachsene Manager fühlen sich plötzlich unsicher wie Schuljungen, wenn es zum Elternsprechtag geht. Erwachsene Frauen scheinen ihr Selbstbewußtsein an der Schultür abgegeben zu haben und fühlen sich wieder ganz klein. Vielleicht kennen Sie solche Gefühle ja aus eigener Erfahrung?

Was hier geschieht, ist für den Betroffenen ausgesprochen unangenehm und häufig auch beängstigend. Von außen betrachtet, läßt es sich aber dennoch relativ leicht erklären. Die Eltern machen sozusagen eine Zeitreise in ihre eigene Vergangenheit. Diese Reaktion geschieht unmittelbar und in der Regel weitgehend unbewußt. Sie ist vergleichbar damit, daß die meisten Menschen so etwas wie ein schlechtes Gewissen spüren, wenn sie im Auto an einem Polizisten oder einem Polizeiauto vorbeikommen. Dieses Gefühl mag völlig unbegründet sein, doch es ist trotzdem plötzlich da und beeinflußt unsere weiteren Reaktionen. Meist fahren wir dann ja für kurz oder lang besonders regeltreu und beachten alle Geschwindigkeitsbeschränkungen peinlich genau.

Unsere eigenen Erfahrungen mit und in der Schule haben uns auf eine bestimmte Weise geprägt. Oft haben wir diese Erfahrungen ja auch verallgemeinert und reagieren heute als Erwachsene ähnlich auf Autoritäten – Polizei, Behörden, Ämter, Vorgesetzte –, wie wir in der Schule mit unseren Lehrern „geübt" haben. Wenn wir allerdings als Erwachsene in unserer Rolle als Mutter oder Vater plötzlich in Verhaltensmuster zurückfallen, die eher zur Rolle eines Schülers gehören, kann das gewisse Schwierigkeiten mit sich bringen. Dazu einige Beispiele: „Wenn ich mit der Lehrerin meiner Tochter spreche, ist mein Kopf regelmäßig wie leergefegt. Mir fällt dann nichts mehr ein." „Bevor ich in die Sprechstunde des Lehrers gehe, muß ich mir alles, was ich sagen will, ganz genau aufschreiben, sonst vergesse ich alles, was ich sagen wollte." „Wenn ich der Lehrerin zuhöre, klingt alles, was sie sagt, ganz vernünftig und sinnvoll – doch nach dem Gespräch ärgere ich mich, daß ich meine Meinung nicht deutlicher vertreten konnte." Diese Zitate zeigen, wie hilflos sich Eltern im Kontext Schule fühlen können.

Die eigene Hilflosigkeit verunsichert die Eltern. Indem sie ihr Kind bei seiner „Schülerkarriere" begleiten, werden sie immer wieder mit ihren eigenen Erfahrungen als SchülerIn konfrontiert – und wie oft hatten sie diese Erfahrungen schon vergessen geglaubt! Viele Eltern wollen ihren Kindern die eigenen leidvollen Erfahrungen ersparen. Ob das überhaupt möglich und dann auch für die Kinder hilfreich ist, sei hier einmal dahingestellt. Doch wenn die Eltern bei diesem „Du sollst es einmal besser haben als ich" übers Ziel hinausschießen, wird es doppelt problematisch: Wenn die Kinder nicht nur ihre eigenen Schulprobleme lösen sollen, sondern die der Eltern zugleich noch mit, dann sind letztendlich die Kinder die Leidtragenden. „Unsere Tochter soll alle Möglichkeiten nutzen können. Ich selbst durfte ja nicht auf die weiterführende Schule, denn ich sollte gleich Geld verdienen. Mein Kind soll es einmal besser haben. Unsere Tochter wird natürlich aufs Gymnasium gehen und dann studieren." Das Mädchen soll auf diese Weise die unerfüllte Träume seiner Mutter verwirklichen – nicht selten um den Preis jahrelanger Nachhilfestunden.

Das kann allerdings nicht heißen, daß alle Gymnasiasten nur die Schulträume ihrer Eltern verwirklichen. So pauschal können wir das Thema nicht abhandeln, denn ebenso verschieden wie die Kinder sind, so verschieden sind ihre Eltern und deren Motivation für die Schulziele, die sie für ihre Kinder im Blick haben. Doch fragen Sie sich einmal selbst:

- Was bedeutet eigentlich der Schulerfolg meines Kindes für mich selbst?
- Geht es mir wirklich nur um das Wohl meines Kindes – oder habe ich selbst auch eigene Interessen dabei im Spiel?
- Wie würde ich mich fühlen, wenn mein Kind eine ganz andere Schulkarriere macht, als ich sie für ihn/sie im Sinn habe?
- Was, wenn mein Kind in der Schule „versagt"?
- Was bedeutet für mich eigentlich „versagen" – und was hat das mit Schulnoten zu tun?
- Was bedeutet der Schulerfolg meines Kindes für mein eigenes Selbstwertgefühl – was bedeutet er für das Selbstwertgefühl meines Kindes?

Diese Fragen zu beantworten, würde den Rahmen dieses Buches sprengen. Dennoch gehören sie zum Thema Schule untrennbar dazu. Wenn die Eltern klar unterscheiden können, wann sie ihre eigene Schul-Geschichte mit der ihrer Kinder vermischen, dann haben sie auch die Möglichkeit, beides bewußt zu trennen und so ihre Kinder besser zu unterstützen.

Innerlich Abstand gewinnen

Eine konkrete Möglichkeit, wie Sie als Mutter oder Vater Ihre eigene Schulgeschichte von der Ihres Kindes besser trennen können, basiert auf dem Prinzip der Dissoziation: Dabei geht es darum, innerlichen Abstand von einer unangenehmen Situation zu finden, indem man erst einmal aufsteht und ein paar Schritte zurückgeht. So tritt man sozusagen aus dem

Problem heraus und schaut sich die ganze Sache von außen an. Dieser innere Abstand führt dann recht schnell zu neuen Einsichten, Erkenntnissen und auch Lösungsansätzen. In der Umgangssprache ist dieses Prinzip übrigens schon längst bekannt: „Geh mal einen Schritt zur Seite – du stehst gerade auf der Leitung!"

In einer akuten Problemsituation erscheint es uns meist schwierig oder unmöglich, einen Ausweg zu finden. Die eigenen Gefühle lassen uns die Situation einseitig betrachten – man sieht den Wald vor lauter Bäumen nicht. Wenn Sie aber dann innerlich einen Schritt zurücktreten, gewinnen Sie den nötigen Abstand. Das gibt Ihnen die Möglichkeit, Ihr Verhalten und das Ihres Kindes von außen zu betrachten wie ein interessierter Beobachter oder Reporter. Statt in Ihren eigenen Gefühlen steckenzubleiben, bekommen Sie so mehr Informationen und können sehen, was eigentlich in der Situation passiert. Gehen Sie im konkreten Fall ruhig einmal wirklich einige Schritte zurück, bis Sie merken, wie sich Ihre Stimmung ändert und Sie innerlichen Abstand von Ihren Gefühlen bekommen. Stellen Sie sich vor, Sie schlüpfen in die Rolle eines interessierten Beobachters. Was sehen Sie, wenn Sie die letzten Minuten wie im Film noch einmal ablaufen lassen? Was gibt es zu hören, was fällt Ihnen auf? Wichtig ist, daß Sie jetzt wirklich nur als Beobachter zuschauen und nicht wieder als Betroffener in die Situation einsteigen. Wenn Ihnen das schwerfällt, hilft es Ihnen vielleicht, kurz aus dem Zimmer zu gehen und Ihren Film von draußen anzuschauen. Betrachten Sie ihn genau, mit innerem Abstand und Interesse. Was sehen Sie, was hören Sie? Wie wirken die Beteiligten? Wie sehen sie aus? Was braucht jeder von ihnen?

Vielleicht kennen Sie ja von früher noch die Fernsehwerbung mit der „Lenor-Frau". Dieser Werbefilm ist ein anschauliches Beispiel für Dissoziation. In diesem Werbespot steht eine Frau neben ihrer gewaschenen Wäsche, und plötzlich tritt sie sozusagen „neben sich" und spricht mit sich selbst. Im Fernsehen wurde dieser Schritt mit dem leisen Satz „Hier spricht dein Gewissen..." eingeleitet. Bei der Dissoziation, wie wir sie nutzen wollen, geht es nun weniger um das Gewissen, sondern prinzipiell um die Möglichkeit, eine Situation aus einem anderen Blickwinkel anzuschauen und zu erleben. (Sie brauchen dazu auch keine Wäsche zu waschen...)

Ein Kinofilm, der im Umfeld der Schule spielt, hat mich selbst sehr nachdenklich gemacht. Der Film „Club der toten Dichter" erzählt von einem Lehrer, der in einem sehr starren Schulsystem seinen Schülern menschlich und ehrlich gegenübertritt und ihnen mehr als Schulwissen vermitteln möchte. Dieser Lehrer will, daß seine Schüler wirklich fürs Leben lernen. Im Film gibt es eine Reihe wichtiger und bemerkenswerter Szenen, und eine davon paßt genau zu unserem Thema der Dissoziation: Der Lehrer steigt dabei auf einen Tisch und will seinen Schülern damit buchstäblich eine neue Perspektive vermitteln. Sie sollen die Chance bekommen, aus den gewohnten Mustern auszusteigen und aus einem ganz anderen Blickwinkel neue Ideen entwickeln können.

Wenn Sie sich wieder einmal in einer schwierigen Situation finden, probieren Sie das einfach einmal aus. Sie brauchen dazu übrigens nicht auf einen Tisch zu steigen, denn in der Regel reicht es, einige Schritte zurückzugehen. Am Anfang ist es gut, wenn Sie diese Schritte wirklich körperlich zurückgehen; später kann man das mit etwas Übung auch mental, in Gedanken, machen und so aus der Situation aussteigen.

Wenn Sie sich manche Ihrer „Lieblings-Situationen" im Umfeld Schule auf diese Weise mit Abstand anschauen, fällt Ihnen vielleicht etwas auf: Bei allen Gesprächen, die Sie mit Ihrem Kind über das Thema Schule führen, sind Sie nicht allein. Selbst wenn in Wirklichkeit kein anderer Mensch im Raum ist, sind doch andere dabei.

Nehmen wir dazu ein Beispiel: Eine Mutter will mit ihrer Tochter darüber sprechen, daß sie sich Sorgen über ihre Versetzung macht. Das Mädchen hat einige schlechte Arbeiten geschrieben und steht wirklich auf der Kippe – sie könnte es aber auch in die nächste Klasse schaffen, wenn sie sich jetzt ein paar Wochen auf ihren Hosenboden setzen und lernen würde. Doch die Tochter tut nichts dergleichen, sondern trägt eine betont coole Miene zur Schau nach dem Motto: „Ist mir doch egal." Die Mutter gibt sich Mühe, der Tochter ihre Argumente verständlich zu machen. Sie redet und redet, doch ohne erkennbaren Erfolg. Das Mädchen bleibt einsilbig und unzugänglich. Die Mutter ist irgendwann am Ende ihres Lateins und weiß nicht mehr ein noch aus.

In diesem Gespräch ist noch jemand mit dabei – die Mutter selbst als frühere Schülerin. Aus eigener leidvoller Erfahrung kennt sie nämlich das Problem selbst auch. Sie war früher einmal sitzengeblieben, mußte sich in einer neuen und fremden Klasse zurechtfinden und hatte sehr darunter gelitten, von allen ihren Freundinnen in der Schule getrennt zu sein. Selbst heute noch spürt sie etwas von dem Gefühl des Versagens und der Hilflosigkeit, das sie damals erlebt hatte – ganz zu schweigen von den Vorwürfen der Eltern. Dieses Schicksal möchte sie ihrer Tochter ersparen.

Ohne es recht zu merken, erlebt sie in der aktuellen Situation wieder ähnliche Gefühle wie damals in ihrer eigenen Schulzeit – Hilflosigkeit und Versagen. Der Anlaß ist zwar ein anderer, denn sie spricht ja mit ihrer Tochter, doch die Gefühle sind sehr ähnlich. Die Mutter hat also die Wahl: Sie kann entweder bei ihrer Tochter weiter gegen eine Wand reden und irgendwann frustriert feststellen, daß da wohl alles nichts nützt – oder sie kann etwas Neues ausprobieren. Wenn die Mutter innerlich ein Stück zurücktritt, um Abstand zu gewinnen, hat sie eine Chance, die Situation anders einzuschätzen und sich auch anders zu verhalten.

Was bedeutet das nun für die Mutter in unserem Beispiel? Der innere Abstand wirkt sich auf zweierlei Weise aus. Zum einen spürt die Mutter innerlich eine unmittelbare Entlastung, denn sie kann ihre Gefühle besser sortieren. Die Hilflosigkeit sieht mit etwas Abstand schon nicht mehr so überwältigend aus. Und zum anderen kann sie auch besser in der aktuellen Situation reagieren. Eine Möglichkeit wäre beispielsweise, daß sie offen mit ihrer Tochter über ihre eigenen Gefühle spricht, statt weiter auf sie einzureden. Oder daß sie ihre Tochter erst einmal fragt, wie es ihr selbst denn geht. Vielleicht kann das Mädchen ja im Moment gar nicht mehr zuhören und braucht selbst erst einmal eine Pause...

Inneren Abstand gewinnen bedeutet ganz und gar nicht, seine Gefühle auf Eis zu legen oder abzuschalten. Wenn Sie einen Schritt zurückgehen und Ihre Gefühle und die gesamte Situation von außen betrachten, können Sie neue Information aufnehmen. Mit diesen neuen Wahrnehmungen und Ideen gehen Sie dann wieder in die Situation zurück. Sie sind also kein Gefangener Ihrer Gefühle („Es hat mich einfach überwältigt. . ."), sondern Sie nutzen die Botschaften Ihrer Gefühle, um es sich selbst und dem Kind zu erleichtern, neue Verhaltensmöglichkeiten zu entwickeln.

Die Dissoziation ist im Alltag ein ganz großes Hilfsmittel, denn der innere Abstand kann Ihnen helfen, die Lage in anderem Licht zu sehen. So öffnen sich neue Lösungsmöglichkeiten. Statt auf das Kind einzureden und zu schimpfen, kommt Ihnen vielleicht plötzlich die Idee, sich zu Ihrem Kind zu setzen und es zu fragen, was ihm fehlt. Was *braucht* Ihr Kind wirklich? Ihre veränderte Stimmung, die in Ihrer anderen Stimmlage deutlich wird, läßt Ihr Kind oft schon zugänglich werden. Vielleicht entwickelt sich daraus ein Gespräch, das Ihnen hilft, ganz neue Seiten an Ihrem Kind zu entdecken.

Der innere Abstand, den Sie durch die Dissoziation gewonnen haben, kann auch zu einer ganz anderen Reaktion führen, indem Sie merken, daß Sie hier eine Grenze ziehen wollen. Sie brauchen jetzt Ihre Ruhe und Raum für sich. Statt darum zu kämpfen, können Sie diese Klarheit nutzen, um eine eindeutige Grenze zu setzen.

Manchmal genügt es schon, auf diese Weise einen eingefahrenen Teufelskreis zu durchbrechen. Langfristig ist es aber auch hilfreich, sich einmal Zeit zu nehmen, um sich die Situation in Ruhe anzuschauen. Ihr Kind verhält sich in einer bestimmten Weise, es macht z. B. Hausaufgaben langsam und mit sehr vielen Pausen. Soweit zum beobachtbaren Verhalten. Doch was steht dahinter, was braucht Ihr Kind? Versuchen Sie, diese Absicht wertfrei oder positiv zu formulieren. Nicht: „Sie verweigert die Leistung!" sondern zum Beispiel: „Sie braucht noch Zeit für sich nach dem Schulvormittag." „Er braucht eine Idee, warum Hausaufgaben sinnvoll sind – und wie man zielorientiert dabei vorgeht." Unter diesem Blickwinkel kann Ihnen die Situation – und damit auch ihr Kind – in ganz anderem Licht erscheinen.

„Ich hab's ja gewußt – das kann sie nicht!"

Wissenschaftliche Forschungen haben gezeigt, daß innere Einstellungen zu anderen Menschen deren Verhalten beeinflussen kann. Die eigenen Vor-Urteile haben einen so starken Einfluß, daß sie unser eigenes Verhalten steuern. Entsprechend wird der andere darauf reagieren – und dann haben wir wieder einmal eine Bestätigung: „Ich hab's ja gewußt!" In der Psychologie nennt man das „selbst-erfüllende Prophezeiung". Wenn wir nur fest genug daran glauben, daß etwas Bestimmtes eintritt, erhöht das die Wahrscheinlichkeit, daß es genauso passiert. Das gilt nicht nur für eigene Stimmungen nach dem Prinzip: „Wenn ich überzeugt bin, daß der nächste Tag wieder furchtbar stressig sein wird, kommt es wahrscheinlich auch so."
Auch in einer für uns interessanten zwischenmenschlichen Beziehung wurde dieser Effekt der selbst-erfüllenden Prophezeiung nachgewiesen – zwischen Lehrer und Schüler.
In einer Studie wurden Lehrer, die eine neue Klasse übernahmen, über den Leistungsstand der Schüler informiert. Einige Schüler wurden als intelligent und fleißig beschrieben, andere als durchschnittlich und einige als weniger intelligent und eher faul. In Wirklichkeit waren die Kinder aber von ihren Leistungen her gleich. Am Ende des Schuljahres zeigte sich, daß sich die „intelligenten" Schüler tatsächlich in der Leistung nachweisbar verbessert hatten, die „dummen" dagegen noch um einiges schlechter abschnitten als zu Beginn des Schuljahres. Die durchschnittlichen Schüler waren in ihren Leistungen etwa gleich geblieben.

Das bedeutet, Kinder, die gleiche Grundbedingungen hatten, haben sich in ihren Leistungen verändert – die „Guten" wurden besser, die „Dummen" wurden schlechter und der Rest blieb vom Leistungsniveau gleich. Wie läßt sich das erklären? Die Lehrer hatten Informationen über ihre Schüler und damit eine ganz bestimmte Voreinstellung. Diese beeinflußte ihr Verhalten (natürlich weitgehend unbewußt), und das wiederum wirkte sich auf das Verhalten und die Leistungen der Schüler aus. Die Lehrer handelten übrigens nach bestem Wissen und Gewissen, denn sie wußten nichts über die experimentelle Situation.

Mich selbst macht dieses Ergebnis sehr nachdenklich, denn es gibt dem Thema „Erziehung" noch eine ganz neue Dimension. Natürlich wirkt nicht jeder dahingesagte Satz bei unseren Kindern wie eine derartige selbst-erfüllende Prophezeiung. Aber bestimmte wiederkehrende Zuschreibungen können durchaus Nachwirkungen haben. – „Wie kann man nur so schlampig sein!" „Du bist ja wirklich ungeschickt!" „Wie kann man nur so dumm sein?" Wenn ein Kind so etwas immer wieder hört, wird es irgendwann selbst daran glauben. Hier liegt unsere Verantwortung, bewußt mit derartigen Zuschreibungen umzugehen, sie immer öfter zu erkennen – und wenn überhaupt, dann positiv zu formulieren.

Vielleicht wollen Sie ja für sich selbst einmal überprüfen, wie Sie Ihr Kind als Schulkind sehen. Was trauen Sie ihm/ihr zu? Welche Eigenschaften zeigt Ihr Kind wohl in der Schule? Verhält es sich so wie zu Hause – oder vielleicht ganz anders? Was wünschen Sie sich von Ihrem Kind? Woran würden Sie die ersten Anzeichen einer Veränderung bemerken?

Beziehung statt Erziehung

Die neuere Forschung auf dem Gebiet der Psychotherapie hat ein erstaunliches Ergebnis gebracht. Bei der Frage, welche Methode der Therapie denn nun die wirksamste sei, zeigte sich, daß Methoden gar nicht die entscheidenden Faktoren darstellen. Viel wichtiger war die Qualität der therapeutischen Beziehung. Übersetzt heißt das, wenn sich ein Patient von seinem Therapeuten verstanden fühlt, wird er wahrscheinlich in dieser Therapie größere Fortschritte machen als bei einem Therapeuten, mit dem er sich menschlich nicht wohlfühlt. Es geht also gar nicht so sehr um die Frage, welche Therapiemethode denn nun die beste ist. Der entscheidende Einfluß geht von der Beziehung aus. Stimmt die Beziehung, fällt die Wahl der richtigen Methode ins Gewicht beim Erfolg der Therapie. Fühlt sich der Patient dagegen bei seinem Therapeuten nicht wohl, hilft die beste Methode nichts – und der Erfolg wird eher bescheiden bleiben.

Was hat das mit Eltern und Kindern zu tun? Sollen Eltern sollen zu Therapeuten ihrer Kinder werden? Diese Tendenz ist heute in unserer Gesellschaft leider durchaus erkennbar, und viele Eltern greifen bei Problemen ihrer Kinder schnell zu Mittelchen, Tabletten und anderen „Hilfen". Schulangst, Lernprobleme, Schlafstörungen und vieles mehr soll auf diese Weise bekämpft werden. Damit bleibt das Kind der Symptomträger, der Behandlung braucht, und die Eltern die Helfer, die mit dem Problem selbst nichts zu tun haben – außer daß sie es kurieren wollen. Letztlich wird dabei das Kind trotz aller Hilfe alleingelassen, denn die Eltern bleiben die Helfer, die von außen eingreifen. Dieser „Reparaturbetrieb" am Kind ist von vornherein zum Scheitern verurteilt. Wir können das Kind nicht isoliert von seiner Umwelt betrachten – und deshalb können Schulprobleme des Kindes auch nicht „repariert" werden, ohne die familiäre Umgebung miteinzubeziehen. Wenn das Klima in der Familie vertrauensvoll und unterstützend ist, dann können sich Eltern **gemeinsam** mit ihren Kindern darum kümmern, die anstehenden Probleme zu lösen. So wird das Kind von seiner Rolle als „Problemfall" befreit – und diese Entlastung kann oft schon eine Menge an spontaner Veränderung bewirken!

Eine andere wissenschaftliche Untersuchung hat übrigens gezeigt, daß sich der Schulerfolg von Kindern höchstens für einen Zeitraum von drei Jahren vorhersagen läßt. Was danach kommt, können wir mit unserem Kenntnisstand von heute nicht mehr voraussagen, nur vermuten.

Kinder leben für die Welt von Morgen. Mit unseren eigenen Erfahrungen aus dem Gestern sind sie dafür nur unzureichend gerüstet. Erlauben wir ihnen deshalb, sich auf die Welt von Morgen vorzubereiten und ihren eigenen Weg zu gehen. Wir können ihnen unseren Rat anbieten – doch die Entscheidung, ob, wann und wie sie unseren Rat annehmen, liegt bei den Kindern selbst.

Isolde Seidel

Teil II: Hilfen für den Schulalltag

Vorbemerkung

Im zweiten Teil erfahren Sie, wie Sie die bisherigen Informationen nutzen können. Sie finden in Kapitel 4 als Basis zunächst grundlegende Tips und Übungen, die Sie immer wieder einsetzen können. Die nachfolgenden Kapitel 5, 6 und 7 bauen inhaltlich aufeinander auf und behandeln jeweils einen „Problembereich": Hausaufgaben und Lernen, effektive Vorbereitung auf Prüfungen und Souveränität in Prüfungssituationen.

Pro Kapitel ist jeweils ein Lösungsansatz aus dem NLP als Schwerpunkt gewählt. Die Erfahrungen aus zahlreichen Beratungssitzungen haben gezeigt, daß die hier vorgestellten Techniken Kinder ansprechen und gut wirken.

Aufbau der Kapitel

Die Kapitel im zweiten Teil sind gleich aufgebaut.

- Sie erfahren zuerst, was Sie tun können, wobei die Übung hilft und wie Sie das mit Ihrem Kind Schritt für Schritt anwenden können. Sie können den Text einfach nur lesen und auf sich wirken lassen und unbewußt herausziehen, was für Sie nützlich ist. Sie können aber auch die Übungen erst einmal bei sich selbst anwenden, bevor Sie sie mit Ihrem Kind/mit Ihren Kindern durchführen.
- Im Anschluß an den „Erwachsenenteil" wird eine Geschichte erzählt, in der die Hauptfigur, Anna Anders, häufig vorkommende „Schulprobleme" hat und sie mit genau diesen Tips überwindet.

- Den Abschluß der Kapitel bildet jeweils eine kurze Zusammenfassung, das Fazit, das die wesentlichen Gedanken des Kapitels wiederholt.

Wie Sie die Geschichte nutzen können

Sie können die Geschichte von Anna Anders Ihrem Kind vorlesen. Vielleicht mag Ihr Kind sie auch selbst lesen. Die Geschichte von Anna Anders gibt es auch auf CD.[1] Sie können die CD mit Ihrem Kind gemeinsam anhören oder Ihr Kind die CD alleine anhören lassen, z. B. vor der entsprechenden Tätigkeit, als Gutenachtgeschichte, zur Aufmunterung oder einfach zur Unterhaltung. Selbst wenn Sie die vorgestellten Techniken nicht bewußt anwenden, sondern mit Ihrem Kind „nur die Geschichte lesen", werden Sie und Ihr Kind von diesem Buch profitieren.

Das Mädchen, Anna Anders, war mit seinen Techniken und Strategien zum Umgang mit Schule zunächst ein reines „Phantasieprodukt". So stellte ich mir vor, daß Kinder in der Schule leicht zurechtkommen, so war es meine eigene Erfahrung und die Erfahrung aus jahrelangem Nachhilfeunterricht und Beratungssitzungen. Im Gespräch mit der Tochter einer Freundin fand ich jedoch mein „Phantasieprodukt" verkörpert. Dieses Mädchen – ihr wirklicher Name soll geheim bleiben – wendet intuitiv diese Techniken an und erlebt sich so immer wieder als gute und beliebte Schülerin, der die Schule Spaß macht. Auch Annas Freund Benedikt, meist Ben genannt, ist eine „reale Gestalt".

Hier eine Übersicht über die Themen der folgenden Kapitel:

[1] Bezugsquelle am Ende des Textes.

Kapitel 6: Hausaufgaben und Lernen – Ein Nachmittag mit Anna und der Zauberfee

Das 6. Kapitel behandelt das Thema Lernen und Hausaufgaben. Wenn Kinder eine gute Strategie für Hausaufgaben haben und täglich immer wieder durch das Erledigen der Aufgaben eine Bestätigung erhalten, tun sie sich erheblich leichter, sich auf Prüfungen vorzubereiten. Ein Erfolgserlebnis führt dann zum nächsten. Sie erleben sich als kompetent und haben den Dreh raus, daß und wie es recht leicht gehen kann.

Die Kapitel sind aufeinander aufgebaut, erst Lernen und Hausaufgaben, das tägliche Brot sozusagen. Denn wenn das schon nach „Sauerbier schmeckt", ist es eher unwahrscheinlich, daß sich das Kind positiv motiviert auf Klassenarbeiten vorbereitet oder sie schreibt. Ziel des Kapitels ist, eine positive Feedbackschleife zu installieren, statt sich jeden Tag aufs neue im Teufelskreis zu drehen. Mit einer effektiven Erledigung werden die Aufgaben nicht zum nachmittagfüllenden Familiendrama, sondern gehen rasch und leicht von der Hand, und es bleibt genug Zeit und Energie für andere Tätigkeiten.

Kapitel 7: Effektive Prüfungsvorbereitung – Anna, die Zauberfee und eine Nachschrift

Das nächste Kapitel geht einen Schritt weiter und bietet Tips, wie Ihr Kind sich effektiv auf Prüfungen vorbereiten kann. Hierfür sind die bereits erlernten Techniken wichtig. In der Vorbereitung lernt Ihr Kind Methoden, um zu überprüfen, ob es zu seinem Wissen Zugang hat und wie es dieses anwenden kann. Außerdem geht es darum, auch die Prüfungsvorbereitung möglichst zur Routine werden zu lassen, denn ohne Streß sind wir alle leistungsfähiger. In diesem Kapitel erfahren Sie auch, wie Ihr Kind schon im voraus proben kann, sein Wissen im entscheidenden Moment auch wiederzugeben.

Kapitel 8 und 9: In Prüfungen cool und gelassen sein – Wie es Anna in der Prüfung erging

Häufig klagen sowohl Eltern als auch Kinder, daß die Kinder zu Hause und am Abend vorher alles ganz gut können, während der Prüfung aber kommt es dann zum sprichwörtlichen „Blackout", sie können die Früchte ihrer Arbeit nicht ernten. Das ist schade. Die gute Nachricht ist: Es gibt zahlreiche Methoden, um Abhilfe zu schaffen und auch in Prüfungen souverän sein Wissen zu zeigen. Eine sehr wirkungsvolle lernen Sie kennen in den Kapiteln „Effektive Prüfungsvorbereitung" und „In Prüfungen cool und gelassen sein".

Nun viel Spaß und Erfolg mit Anna Anders und Benedikt.

Kapitel 5

Schritte in die Praxis –

Anna Anders stellt sich vor

Festgefahren

Vielleicht kennen Sie so etwas:
Berge von Arbeit türmen sich scheinbar vor Dieter auf, er kommt nicht voran, alles erscheint ihm langweilig, mühsam, kompliziert. Er kann sich schon gar nicht aufraffen. Über allem scheint eine Art Grauschleier zu liegen, es ist düster, die Geräusche nerven ihn. Er fühlt sich schwer, mit einem dumpfen Gefühl im Bauch und Hals, ist wie gelähmt, blockiert, nichts scheint ihm zu gelingen, seine Gedanken drehen sich im Kreis, ohne zu einer Lösung zu kommen. Die Aufgaben gehen ihm schwer von der Hand, alles ist zäh, mühselig, kostet ihn schier unendliche Kraft. Die Tätigkeiten sind ihm so unangenehm, daß er nur die Fülle und die Schwierigkeiten wahrnimmt. Trotz aller Anstrengung rechnet er bestenfalls mit zähem Vorankommen und schiebt deshalb die Arbeit vor sich her.

Bei Schulkindern kann das so aussehen: Sabine weiß, daß sie sich die Wörter für die Nachschrift anschauen soll. Doch ihr graut davor. Sie schiebt die Aufgabe vor sich her, denn die Buchstaben erscheinen ihr unheimlich, verschwimmen vor ihren Augen, manchmal kommt sie sich ganz umzingelt von den Buchstaben und Wörtern vor. Wenn sie sich dann doch aufrafft, oft nach mehreren ungeduldigen Ermahnungen ihrer Mutter, sitzt sie eher träumend und malend vor ihren Arbeitsblättern, doch im Inneren weiß sie, daß das kein „richtiges Lernen" ist. Wenn sie an die nächste Arbeit denkt, ist ihr alles andere als wohl, deshalb denkt sie lieber an etwas anderes...

Solche Zustände der Blockade kosten auf Dauer Kraft, machen den Körper anfällig für Krankheiten und Wehwehchen.

Die Stimmung leidet darunter, man kommt nicht voran, geht sich vielleicht selbst auf die Nerven, weil man ganz anderes von sich erwartet und unzufrieden mit sich ist.

Der nun beschriebene Zustand wird im NLP als „festgefahren" bezeichnet. Man kommt nicht voran, ist blockiert, steckt fest. Die eigenen Ressourcen scheinen sich dem persönlichen Zugriff entzogen zu haben. Oft oder lange in einem solchen Zustand zu leben schwächt das Selbstvertrauen, den Glauben an die eigenen Fähigkeiten etc. und kann zu einem negativen Selbstbild führen.

Kinder mit Schulproblemen aller Art sind, vor allem bei der für sie schwierigen Tätigkeit, meist festgefahren. Oft genügt bereits das betreffende Wort, z. B. „Nachschrift", „Probe" als negativer Auslöser, um einen festgefahrenen Zustand herbeizuführen. Die Kinder können dann häufig Wissen nicht anbringen, das sie vorher und nachher problemlos wiedergeben können. Wenn sie den Zustand oft erleben, verlieren sie leicht die Lust, und das Fach wird ihnen womöglich schnell ein Graus. Wenn ein Kind oft unkonzentriert ist, Zeit träumend, statt arbeitend hinter den Büchern verbringt, in die Luft starrt, zu malen beginnt, auf dem Stuhl hin- und herrutscht, am Stift lutscht oder kaut, „abschaltet", geht meist ein festgefahrener Zustand voraus bzw. dieses Verhalten selbst stellt einen festgefahrenen Zustand dar. Das kann dann zu Klagen führen, daß die Kinder doch den ganzen Nachmittag vor ihren Büchern säßen und die Hausaufgaben ewig dauerten... Doch vor offenen Büchern verbrachte Zeit ist, zum Leidwesen von Kindern und Eltern, leider oft noch kein Lernen, schon gar kein effektives. Um hier neue Möglichkeiten zu bekommen, beobachten Sie doch einmal, wann Sie selbst bzw. wann Ihr Kind sich in einem festgefahrenen Zustand befindet und wie Sie dies erkennen können.

Bereits die Philosophen im antiken Griechenland und Rom wußten, daß der Mensch nach Lust strebt und Unlust oder Schmerz meidet. Daran hat sich bis heute nichts geändert. Um dieses Grundbedürfnis nach Wohlgefühl zu befriedigen, ist es wichtig, einen festgefahrenen Zustand möglichst rasch zu erkennen und ihn dann wieder zu verlassen, um wieder Zugang zu der eigenen Kraft und Stärke zu haben.

Unterbrecher – Separator

Der erste Schritt auf dem Weg aus der Blockade ist, den „negativen" Zustand zu erkennen. Denn so lange Ihnen nicht bewußt ist, daß Sie festgefahren sind, nehmen Sie auch keinen Ausweg wahr. So lange Sabine aus dem Beispiel oben auf ihrem Stift kaut, geistesabwesend aus dem Fenster schaut und offensichtlich nicht bei der Sache ist, fällt ihr keine kreative Lösung ein, wie sie sich wirkungsvoll auf die Nachschrift vorbereiten kann. Erst wenn sie merkt, daß sie nicht vorankommt, kann sie ihren Stillstand unterbrechen und sich überlegen, wie sie insgesamt anders vorgehen könnte, z. B. eine Freundin fragen, wie die lernt, sich vornehmen, drei Wörter zehnmal hintereinander aufzuschreiben etc.

Wichtig ist zunächst, daß sie ihr Feststecken erkennt und dann etwas unternimmt, was diesen Zustand unterbricht und ihre Aufmerksamkeit auf die Gegenwart lenkt. Genau das wird im NLP als Unterbrecher bezeichnet. Denn im festgefahrenen Zustand haben Sie höchst selten Zugriff auf Ihre Stärken. Mit Hilfe des Unterbrechers können Sie sich neu orientieren und die Aufgabe noch einmal anders angehen, das Thema aus einem anderen Blickwinkel betrachten etc.

Als Unterbrecher kann vieles fungieren. Sie können zum Beispiel einfach für einen Moment die Augen schließen und einige Male tief durchatmen. Sie können aber auch aufstehen, etwas umhergehen, sich bewegen, die Hände waschen, sich schütteln, etwas trinken, telefonieren, den Papierkorb ausleeren etc. Entscheidend ist, daß Sie aus Ihrem bisherigen Zustand heraus und wieder in die Gegenwart, ins Hier und Jetzt kommen.

Dazu gleich eine kleine **Übung:**

Denken Sie an etwas, das Sie mittelmäßig belastet, an ein kleines bis mittelgroßes Problem, und probieren Sie die folgenden Unterbrecher:

- Atmen Sie einige Male tief aus
- strecken Sie sich
- ändern Sie Ihre Körperhaltung
- lehnen Sie sich zurück
- stehen Sie auf und drehen Sie sich einmal um die eigene Achse
- stehen Sie auf und machen Sie drei Kniebeugen
- beugen Sie sich nach vorne und berühren mit Ihren Fingerspitzen die Knöchel oder Füße
- machen Sie etwas Gymnastik
- trinken Sie eine Tasse Kaffee, ein Glas Wasser
- schütteln Sie sich
- hören Sie Musik
- gehen Sie an eine andere Stelle im Zimmer oder in der Wohnung
- machen Sie einen Spaziergang
- beschäftigen Sie sich mit etwas anderem

Welcher Unterbrecher hat am besten gewirkt? Dies sind nur einige Beispiele. Lassen Sie Ihrer Phantasie freien Lauf, experimentieren Sie, und benutzen Sie den Unterbrecher, der bei Ihnen am besten wirkt.

Folgende **Übung** wird Ihrem Kind immer wieder nutzen:

1. Ihr Kind denkt an ein Schulfach bzw. eine Tätigkeit, die ihm schwerfällt, die einen festgefahrenen Zustand auslöst.
2. Ihr Kind probiert nun die einzelnen Unterbrecher aus und prüft, welcher am besten wirkt. Aus der Gegen-

wart heraus beschreibt es, woran es merkt, daß es festgefahren ist. Je genauer es diesen Zustand beschreiben kann, desto leichter kann es künftig gegensteuern und den Zustand unterbrechen.

Dieser Schritt ist wichtig, ja unerläßlich als Zwischenschritt. Denn er bietet ja eine neue Orientierungsbasis. Von hier aus geht es jetzt weiter in eine positive Stimmung, in die Balance.

In Balance

Bestimmt kennen Sie so etwas: die Arbeit macht Roland Spaß und fällt ihm leicht. Er empfindet seine Tätigkeit als angenehme Herausforderung, der er sich gerne voll und ganz widmet. Dabei fühlt er sich beschwingt, seine Umgebung erscheint ihm hell und freundlich, wie ein Sonnentag. Er summt und pfeift vor sich hin, was seine Stimmung noch verstärkt. Seine Haltung ist aufrecht und locker, sein Atem fließt, er fühlt sich insgesamt leicht, mit sich und der Welt „in Harmonie".

Roland befindet sich in jenem angenehmen Zustand, der im NLP Ressource-Zustand genannt wird. Andere Begriffe dafür sind „in Harmonie sein", „in Einklang sein", „sich sehr wohl fühlen", „voller Vertrauen sein", „gut drauf sein" etc. In Balance zu sein ist Voraussetzung für persönliche Bestleistungen. In Balance fühlen Sie sich wohl, sind ausgeglichen und guter Dinge, die Tätigkeiten machen Spaß und fallen leicht, Sie sind zufrieden, gelöst und voll Energie. Dann kosten Aufgaben keine Kraft, sondern sind locker zu schaffen, geben oft sogar Kraft.

Genauso geht es Kindern in der Schule. Wenn gute Schüler gefragt werden, wie sie z. B. lesen, schreiben oder rechnen, antworten sie: „Es geht halt leicht und macht Spaß." In der modernen Pädagogik ist deshalb auch Ziel, „Lustgefühl im

Tun" zu verschaffen. Denn Kinder lernen dann am leichtesten, wenn es ihnen Spaß macht.

Anker und ankern

Einen positiven Zustand nicht dem Zufall oder äußeren Umständen zu überlassen, sondern bewußt und absichtlich herbeiführen zu können, ist ein Kernstück des NLP. Wenn Sie herausfinden, wie Sie in Balance kommen, dann können Sie diesen Zustand gewissermaßen speichern und bei Bedarf immer wieder abrufen. Dieser Vorgang wird im NLP *Ankern* genannt. Ein Anker ist im NLP ein Auslöser, der einen bestimmten Zustand immer wieder herbeiführen kann. Bei einem Anker wird ein äußerer Reiz mit einem inneren Zustand verbunden.

Anker sind etwas ganz Alltägliches und treten in den verschiedensten Formen im täglichen Leben auf, z.B. rote Ampeln als sichtbares Signal für Stehenbleiben, eine bestimmte Melodie als hörbare Ankündigung einer TV-Sendung, Stollen und Plätzchen als geschmackliche und riechbare Erinnerung an Weihnachten.

Anker können aber auch persönlich sein, z. B. Urlaubsfotos, die Erinnerungen auslösen, Postkarten, die Lieblingsmelodie, ein Kosename, ein bestimmter Geruch, ein bestimmter Geschmack, eine Bewegung etc.

Positive und negative Anker

Anker können positive und negative Reaktionen hervorrufen. Diese Verbindung ist oft willkürlich und kann deshalb geändert werden. Auf die meisten Situationen sind jede Menge anderer Reaktionen denkbar und möglich, nicht nur die eigene. Bei einem Kind löst das Wort `Turnen` als Anker Freude aus, weil es weiß, daß es sich dann bewegen kann, daß erst einmal eine Unterbrechung vom Stillsitzen gegeben ist. Ein anderes

Kind denkt vielleicht mit Schrecken an Stufenbarren oder Reck, weil es sich dann als wenig geschickt erlebt im Vergleich zu seinen Mitschülern.

Negative Anker sind hinlänglich bekannt. Vielleicht kennen auch Sie jemand, dem bei dem Wort „Steuererklärung" ganz mulmig wird. Manche Kinder – und auch Eltern – reagieren mit Schrecken auf das Wort ‚Zeugnis' ‚Blaue Briefe' oder ‚Mitteilungen', dies sind allgemeine und eventuell persönliche negative Anker aus dem Bereich Schule.

Menschen mit starken Ängsten sind geradezu Musterbeispiele für die zuverlässige Wirkung von Ankern. Manchmal genügt es schon, wenn sie das Wort hören oder an den Angstauslöser, sei es eine Maus oder ein Aufzug, denken, um in eine negative Stimmung zu kommen. In den negativen Fällen wirkt der Anker meist „automatisch", d.h. dem Betreffenden kommt es so vor, als könne er gar nicht anders reagieren. Es sind durchaus auch andere Reaktionen auf diese Auslöser möglich. Denn was so gut und zuverlässig funktioniert, kann auch in der positiven Variante bewußt eingesetzt werden. Hinter jedem dieser Reize steht nämlich ein ganzer Erlebniszusammenhang. Auf einen Reiz hin, z.B. ein Wort, liefert das Gehirn eine komplette Erinnerung. Ein Beispiel dafür sind Kosenamen: Wenn Sie den Kosenamen hören, haben Sie auch ein Bild der Person, die diesen Namen sagt, sehen die Umgebung, in der dieser Name verwendet wird und geraten in die Stimmung dieser Situation. Vielleicht gehört auch ein charakteristischer Geruch zu dieser Situation. All diese Wahrnehmungen werden allein durch das Hören bzw. Aussprechen des Wortes wiederbelebt. Je öfter Sie den Kosenamen hören, desto häufiger und leichter kommen Sie in den Zustand, desto geläufiger wird Ihnen dieser Zustand, desto intensiver wird er auch. Je öfter Anker zum Einsatz kommen, desto stärker wirken sie.

Deshalb gleich eine kleine **Übung** zum **Ankern eines ‚Balance-Zustandes':**

1. Erinnern Sie sich an eine Situation, als Sie sich sehr wohl fühlten.
2. Wählen Sie eine typische Geste, ein Bild, ein Wort oder eine Melodie, etwas, das Sie künftig an Ihre gewählte Situation erinnern soll, eben den Anker. Bewährte „Bewegungs-Anker" sind z. B. Schnippen mit den Fingern, eine Faust machen, die Hände verschränken, sich die Oberlippe reiben oder am Ohr zupfen, ein Aufrichten des Rückens, mit der Zunge schnalzen etc. Empfehlenswert sind relativ einfache Bewegungen, die gut und „unauffällig" in der Öffentlichkeit durchführbar sind. Theoretisch spricht allerdings auch überhaupt nichts gegen einen Salto oder einen Handstand... Beispiele für einen „Hör-Anker" sind z. B. das Lieblingslied, eine Melodie, ein eindeutiges Stichwort für die ausgewählte Situation. Beispiele für „Seh-Anker" sind Postkarten, Urlaubsfotos, Bilder, die Sie in Ihrer Vorstellung sehen etc. „Geruchs-Anker" können Parfüms, Duftöle oder Bratenduft sein. Als „Geschmacks-Anker" bietet sich jeder charakteristische Geschmack an. Ihrer Phantasie sind keine Grenzen gesetzt; erlaubt ist, was wirkt...
3. Versetzen Sie sich dann ganz in die Situation hinein und achten Sie darauf, welche Bilder Sie vor Ihrem inneren Auge sehen, welche Worte, Melodien etc. Sie hören, welche Empfindungen Sie wahrnehmen, wie sich Ihr Körper anfühlt, welche Haltung Sie einnehmen, wie Sie atmen. Wenn Sie ganz in die Situation eingetaucht sind und sehen, was Sie damals sahen, hören, was Sie damals hörten und spüren, was Sie damals spürten, dann machen Sie die Bewegung, sagen Sie das Wort, denken Sie an die Melodie, sehen Sie das Bild vor Ihrem inneren Auge, d. h., lösen Sie den Anker aus.
4. Kommen Sie dann wieder aus der Situation heraus und ganz bewußt in das Hier und Jetzt. Sie können auch

einen Unterbrecher durchführen, d. h. aufstehen, tief atmen etc. wie oben beschrieben.

5. Sie können den Anker testen, indem Sie das Wort, Bild, die Geste etc. wiederholen, d. h. den Anker noch einmal auslösen. Lassen Sie sich überraschen, wie sich ‚in Balance' diesmal anfühlt...
6. Um Ihren ‚Balance'-Anker auch richtig zum Einsatz kommen zu lassen, können Sie sich vielleicht jetzt schon verschiedene Situationen überlegen, in denen Sie sich ‚in Harmonie' fühlen wollen. Malen Sie sich aus, wie Sie mit ‚in Balance' auf die Situation reagieren, was Sie sehen, was Sie sagen und wie Sie sich fühlen, wenn Sie diese Situation demnächst ‚in Balance' erleben.. Lassen Sie sich überraschen, wie sich die Situation verändert...

Jetzt haben Sie sich einen Anker für ‚in Balance' gesetzt. Sie können ihn auslösen, wann immer Ihnen danach zumute ist und sich wieder ‚in Harmonie' zu fühlen.

Selbstverständlich können Sie einen erwünschten Zustand auch genauer definieren. Manchmal ist es wichtig, gelassen und geduldig zu reagieren, manchmal durchsetzungsfähig und bestimmt, selbstbewußt, ruhig etc.

Dazu gleich ein Beispiel:
Sebastian will gerne mutiger reagieren, wenn er angerempelt wird. Er erinnert sich an eine Situation, als er mutig reagierte. Besonders einmal fällt ihm ein, als ihm andere Kinder seinen Ball weggenommen hatten und nicht wiedergeben wollten. Als Anker für diese Situation und für ‚mutig sein' wählt er das Wort und Bild ‚Ball'. Damals fiel es ihm leicht, ihnen die Meinung zu sagen und wieder zu seinem Ball zu kommen. Er versetzt sich ganz in die Situation hinein, sieht noch einmal die anderen Kinder mit seinem Ball vor sich, hört, wie er ihnen die Meinung sagt, atmet schneller und ist wieder ganz aufgebracht und zornig. In diesem Moment sagt er sich das

Wort ‚Ball‘ und stellt sich vor seinem inneren Auge seinen Ball vor. Seine Haltung strafft sich, er stemmt seine Hände in die Seiten, steht breitbeinig da, sein Kopf reckt sich nach oben, sein Gesichtsausdruck wird bestimmt und fordernd, seine Stimme ist laut und nachdrücklich. Er bleibt einen Moment lang in dieser Erinnerung und kommt dann in die Gegenwart zurück. Er testet den Anker, indem er ‚Ball‘ wiederholt und den Ball noch einmal vor seinem inneren Auge sieht, dabei hat er wieder die Körperhaltung von vorhin. Der Anker funktioniert.

Als nächstes stellt sich Sebastian eine Situation vor, in der er angerempelt wird. Er sieht wieder den ‚Ball‘ vor seinem inneren Auge und spricht das Wort ‚Ball‘ laut aus (es ist durchaus auch möglich, das Wort nur in Gedanken auszusprechen). Er fühlt sich stark, hört sich den anderen Kindern seine Meinung sagen. Die merken Sebastians Veränderung und reagieren auch anders. Sebastian ist zufrieden mit seinem Verhalten. Er weiß, daß er auch mutig sein kann, wenn er angerempelt wird. Die Probe aufs Exempel einige Tage später verläuft zu seiner Zufriedenheit.

Jetzt eine **Übung** zum **Ankern des Zustandes ‚in Balance‘** mit Ihrem Kind:

1. Ihr Kind soll an eine Tätigkeit denken, die ihm Spaß macht und bei der es sich als fähig erlebt. Es kann eine Tätigkeit aus dem Bereich Schule sein, muß aber nicht. Fußballspielen, Malen oder Turnen sind ebenfalls wunderbar geeignet. **Wichtig ist, daß sich Ihr Kind bei der Tätigkeit als kompetent erlebt.**
   Sie können Ihr Kind dabei unterstützen, indem Sie fragen: „Denk doch ‘mal an eine Tätigkeit, die dir Spaß macht und die du gut kannst. Wenn diese Tätigkeit am Anfang für dich schwierig war, ist das in Ordnung. Hauptsache ist, sie fällt dir jetzt leicht."

2. Nun soll Ihr Kind eine Bewegung, ein Bild oder ein Wort auswählen, das es stark mit dieser Tätigkeit verbindet. Auch hier ist das am besten, was am stärksten wirkt. Lassen Sie Ihr Kind entscheiden, was es am meisten anspricht. Fordern Sie dann Ihr Kind auf: „Und jetzt wähl eine Bewegung, ein Wort oder ein Bild aus, die bzw. das für dich gut zu der Tätigkeit paßt, die du in Zukunft damit verbinden willst. Sie oder es wird dich immer wieder an die Tätigkeit erinnern."

3. Nun soll sich Ihr Kind ganz und gar in die Tätigkeit hineinvertiefen, sehen, was es dabei sieht, hören, was es hört, spüren, was es spürt. Wenn es ganz in der Tätigkeit aufgeht, lösen Sie oder Ihr Kind selbst den Anker aus. Angenommen, Ihr Kind wählte als Tätigkeit malen, dann können Sie Ihr Kind mit folgenden Fragen unterstützen, „ganz intensiv zu malen": „Stell dir jetzt einmal vor, daß du jetzt gerade malst. Sind noch andere Kinder im Zimmer? In welchem Zimmer malst du? Schau, welche Farbe das Papier hat, mit welchen Stiften du malst, ist es ein Buntstift, ein Filzstift, eine Wachsmalkreide? Mit welcher Farbe malst du gerade? Welche Farben kommen am häufigsten vor in deinem Bild? Wie fühlt sich der Stift in deiner Hand an? Was hörst du? Läuft im Hintergrund der Radio oder hörst du eine Kassette? Hörst du, welches Geräusch der Stift auf dem Papier macht etc.? Nimm alles ganz genau wahr und mach dann die Bewegung, sag dir das Wort oder schau dir das Bild an, das du ausgewählt hast." Beobachten Sie die Reaktionen Ihres Kindes. Sein Gesicht kann Bände sprechen...

4. Machen Sie einen Unterbrecher, z. B. mit der Aufforderung: „Und wenn du lange genug gemalt hast, ist es dann auch wieder Zeit, hierher zurückzukommen und einige Male tief durchzuatmen. Vielleicht magst du ja auch einmal aufstehen und ein bißchen umhergehen."

5. Sie können den Anker überprüfen, indem Sie Ihr Kind das Wort, die Bewegung etc. wiederholen lassen. Sagen Sie etwa: „Denk doch noch mal an das Bild, wiederhole das Wort oder die Bewegung, die du mit ‚malen' verbindest und paß auf, was du diesmal beim ‚Malen' erlebst..."

6. Als letzten Schritt soll Ihr Kind an eine künftige Situation denken, wann es ‚malen' einsetzen wird. Sie können Ihrem Kind wieder helfen, indem Sie es auffordern: „Stell dir jetzt eine Gelegenheit vor, wenn du dich fühlen möchtest wie beim ‚Malen'. Stell dir diese Situation genau vor, und ‚male' dabei, d. h., mach deine ‚Malbewegung', sag dir dein Wort oder schau dein Bild vom ‚Malen' an und nimm wahr, wie sich die Situation ändert und wie es dir in der Situation geht, wenn du dabei ‚malst'. Bleibe bei dieser Vorstellung, so lange du willst, und komm dann wieder hierher zurück zu mir..."

Apropos Malen: in Gruppen und Einzelsitzungen hat es sich bewährt, die Kinder ihren Anker malen oder zeichnen zu lassen bzw. sich selbst, wie sie dieser Tätigkeit nachgehen. Dieses Bild auf dem Schreibtisch oder im Federmäppchen hat durch das bloße Vorhandensein gute Dienste geleistet, weil der Anker so quasi von selbst immer wieder „losging".

Hier ein Beispiel für die Kraft eines ‚Balance-Ankers' aus der Beratungspraxis:

Ein elfjähriger Junge aus der 5. Klasse Gymnasium kommt wegen „Lernschwierigkeiten" in die Beratung. Auf genaueres Fragen hin stellt sich heraus, daß er Mathe zwar zu Hause immer kann, in der Schule aber, wenn er aufgerufen wird und vor allem in schriftlichen Prüfungen immer sehr nervös ist, geradezu einen Blackout erlebt, den Inbegriff eines festgefahrenen Zustandes also, und sein Wissen nicht anbringen kann. Sein

Gehirn und sein Körper scheinen „durchzudrehen", wie er es beschreibt, wenn der Lehrer seinen Namen ausspricht bzw. er seinen Namen auf das Blatt schreibt.

Sein Ziel ist es, in diesen Situationen ruhig zu bleiben. Er wünscht sich, daß in seinem Gehirn und Körper in diesen Momenten „Frieden" herrscht, damit er klar denken kann. Deshalb wählt er als Anker für seinen erwünschten Zustand das Friedenssymbol. Diesen Anker sieht er, wenn sein Lehrer ihn aufruft, über dem Kopf seines Lehrers bzw. er malt ihn bei Prüfungen auf sein Angabenblatt. Nach einer einzigen Beratungsstunde und mit „seinem Friedenszeichen" als Anker ist das Problem gelöst. Er bleibt ruhig und gelassen. Seine Noten verbessern sich um mehrere Notenstufen.

Und nun kommt der erste Teil der Geschichte von Anna Anders:

Anna Anders stellt sich vor

Anna wohnt mit ihrer Mutter, ihrem Vater und dem Bruder Tobias ganz in der Nähe des Sees, gleich neben dem Stadtpark. Tobias ist 5 Jahre alt und geht noch in den Kindergarten. Anna geht schon in die 3. Klasse und interessiert sich für fast alles. Später wenn sie groß ist, will sie Forscherin werden. Denn um sie herum gibt es so viel zu erforschen, z. B. ob Ameisen tanzen können, wie Erwachsene am besten von Kindern lernen können, warum es keine orangen Gänseblümchen gibt, warum Onkel Bernhard nicht mehr zu Besuch kommt und und und. Manchmal spielt sie auch mit Tobias, fährt Rad oder Inline-Skater, was ihr großen Spaß macht. Zu Hause spielt sie gerne mit ihren Barbies und Stofftieren oder schaut sich Videos an und hört Märchenkassetten. Oder sie trifft sich mit ihren Freundinnen und Freunden, am liebsten mit Benedikt, ihrem „Forscherfreund". Die beiden sind schon jetzt ein gutes Team und unternehmen ziemlich viel miteinander. Manchmal toben sie durch den Stadtpark und schauen, wie schnell Enten rennen können, bevor sie anfangen zu fliegen. Manchmal träumen sie und unternehmen Reisen in die Welt der Geschichten, die sie erfinden und sich gegenseitig erzählen.

Während der Ferien hat Anna natürlich ausgiebig Zeit, das zu tun, was ihr Spaß macht und was sie toll findet. Während der Schulzeit steht natürlich auch noch anderes auf dem Programm. Überhaupt, die Schule. Noch im Kindergarten war Anna neugierig gewesen auf die Schule, weil sie auch endlich groß sein und lesen und schreiben können wollte. Sie stellte es sich toll vor, neue Freunde kennenzulernen und auch etwas Wichtiges zu tun. Gut war unbedingt, daß sie dort Benedikt kennenlernte und sie sich täglich sehen. Anfangs machte es ihr noch Spaß, doch das tägliche Einerlei, die regelmäßigen Hausaufgaben und das Stillsitzen wurden ihr bald langweilig und lästig.

Ben erging es ähnlich. Beide jammerten, bald jammerten auch ihre beiden Mütter. Wenn die sich auf der Straße trafen, unterhielten sie sich zunächst über dies und das, doch es dauerte nicht lange und sie sprachen über das Thema Schule. Frau Anders klagte: „Anna sitzt nachmittags immer ewig und schlecht gelaunt über ihren Büchern und kommt so gar nicht voran. Einige Male ist mir dann auch schon der Kragen geplatzt, weil ich diese Trödelei und das Geträume nicht mit anschauen kann. Doch all mein Reden hat keinen Erfolg." Benedikts Mutter stimmt ein. Auch sie kennt solche Nachmittage und weiß nicht so recht, wie sie den Zustand ändern kann. Manchmal telefonieren die Mütter, und auch dann dauert es nicht lange, und sie sprechen über Schule...

Als Anna eines Nachmittags mal wieder über ihren Büchern und Arbeitsblättern sitzt, hört sie auf einmal eine Stimme: „Willst du dir eigentlich den ganzen Nachmittag mit den Hausaufgaben verderben? Da hast du ja gar keine Zeit mehr zum Spielen und zum Forschen?" „Huch, wer spricht denn da?" denkt Anna und überlegt, ob sie sich die Stimme nicht nur einbildet. „Ach, ich habe mal wieder vergessen mich vorzustellen", fährt die Stimme fort, und Anna zweifelt jetzt nicht mehr an ihrer Wahrnehmung.

„Ich bin die Zauberfee vom Forschungszentrum in Schlaudorf. Ich sorge dafür, daß die Schule bei den Kindern nicht überhandnimmt und sie noch genug Zeit zum Spielen und genug Freizeit haben. Allzu viel lernen ist nämlich ungesund, vor allem wenn das Lernen womöglich auch noch schwierig ist. Dann schlägt es nämlich auf die gute Laune. Aber wir haben in unserem Zentrum viele Abteilungen mit vielen verschiedenen Mitarbeitern. Bei uns arbeiten einige Zauberfeen und Zauberer, aber auch Kobolde, vor allem Kobold Schlau. Eine Abteilung z.B. erforscht, wie Kinder die Schule möglichst angenehm erleben können. Denn wir haben 'rausgefunden, daß Lernen auch leicht gehen und Spaß machen kann. Unser Ziel ist, herauszufinden, wie jemand leicht und schnell und wirkungsvoll lernen kann, damit noch genug Zeit für all die anderen interessanten Dinge bleibt. Wir haben schon viele wichtige Entdeckungen gemacht und sind jetzt dabei, unser Wissen überall zu verbreiten. Wir sind auch im Gespräch mit einigen Fernsehsendern und arbeiten an Computerprogrammen. Weil das alles so viel Spaß macht, forschen wir immer weiter. Und für all unsere Forschungen brauchen wir immer wieder Testpersonen. Als ich dich da so gelangweilt über deinen Schulsachen sah, dachte ich, ich frag dich einfach mal." Anna findet es sehr aufregend. „Was muß ich denn da machen, und was habe ich überhaupt davon?" will sie wissen.

„Was du davon hast?" antwortet die Zauberfee, „du lernst jede Menge nützliche Tips kennen. Zum Beispiel wie Schule Spaß machen und spannend sein kann, wie du blöde Sachen in angenehme verzaubern kannst, wie du wieder gut drauf kommst, wie Hausaufgaben schnell und leicht von der Hand gehen, wie du Wissen gut speicherst und wie du in Prüfungen cool und gelassen und ruhig bist und alles sagen oder hinschreiben kannst, was du vorher gelernt hast. Damit hast du auch jede Menge Tips für leichtes Lernen."

„Hu, das klingt ja aufregend, Hausaufgaben schnell und leicht von der Hand." Sie überlegt, und ihr fällt ein, daß sie ja noch mindestens bis zum Sommer und dann auch noch bis mehrere Sommer in die Schule gehen muß. Bei dem Gedanken wird ihr ganz schwindelig, sie kann es sich auch gar nicht so recht vorstellen. Sie weiß aber auch, daß sie bislang noch nicht so den rechten Dreh gefunden hat, und was die Zauberfee da so vorschlägt, klingt recht verlockend. Sie ist immer noch vorsichtig und fragt, ob sie vielleicht einmal eine kleine Kostprobe haben kann. Sie will ja schließlich wissen, was da auf sie zukommt. Dazu ist die Zauberfee gerne bereit, und sie schlägt Anna vor, ein „Übertragungsexperiment“ zu machen.

Die Zauberfee bittet Anna: „Du kannst doch sicher etwas, das dir Spaß macht und leicht für dich ist. Das kann ruhig anfangs, als du es lerntest, schwierig gewesen sein, und es kann alles sein, was dir gut gefällt. Wichtig ist, daß du einfach weißt und spürst, daß du darin gut bist und daß die Tätigkeit dir Freude bereitet...“

Anna weiß zunächst nicht genau, ob sie lieber Radeln oder Inline-Skater-Fahren nehmen soll, entscheidet sich dann für die Inline-Skater. Inline-Skater fahren war anfangs gar nicht so leicht gewesen. Schon allein die Dinger an die Füße zu bringen. Sie war hin- und her- und vor- und zurückgeschwankt, hatte das Gleichgewicht verloren und war hingefallen. Manchmal ruderte sie mit den Armen und konnte sich so auf den Beinen halten. Im Laufe der Zeit wurde das Fahren jedoch immer leichter. Sie fand immer besser den Dreh heraus, jetzt macht es ihr großen Spaß.

Die Zauberfee fährt fort: „Stell dir jetzt einmal vor, daß du jetzt gerade Inline-Skater fährst, schaue, was du dann siehst, wo du genau fährst, im Park oder vielleicht auf dem Gehsteig neben einer größeren Straße, achte auf alle Geräusche, die du hörst, vielleicht fahren ja Autos vorbei oder du hörst Hunde bellen, Kinder rufen... und achte auch darauf, wie sich dein Körper anfühlt, während du so dahinfährst, und nimm wahr, wie gut und leicht du das Gleichgewicht hältst, wie du schneller und langsamer fahren kannst, wie sich deine Haltung verändert, wenn du abbremst und so weiter...“

„Hmmm, das macht Spaß“, Anna fährt in ihrer Vorstellung gerade die Wege im Park entlang. Links, rechts, links, rechts und einen großen Bogen um den Hund und die alten Leute, und sie hört den Fahrtwind pfeifen, spürt, wie er über ihr Gesicht streicht und ihr die Haare aus der Stirn weht und wie die Bäume scheinbar an ihr vorbeiziehen. Schon bei der Vorstellung wird ihr ganz warm, und sie atmet schneller, denn ein bißchen anstrengend ist es schon, und sie paßt ja auch auf, daß sie immer schön das Gleichgewicht behält. Ach, ist das herrlich! Sie merkt zwar, wie ihr die Zauberfee das Handgelenk drückt, und gleichzeitig fährt sie und fährt und fährt...

„Na wie war's?" Die Stimme der Zauberfee reißt Anna richtig aus ihrer Phantasie. „Super, einfach so dahinsausen." Anna seufzt tief und fühlt sich sehr wohl. „Sag mal, Zauberfee, hast du mich da eigentlich an meiner Hand berührt, oder habe ich mir das nur eingebildet?"

„Bevor ich dir antworte, probier doch einfach mal etwas aus", ermuntert sie die Zauberfee. „Berühre du dich einfach genauso am Handgelenk, wie du es eben spürtest." Anna drückt mit vier Fingern ihrer linken Hand auf ihr rechtes Handgelenk, und schon saust sie wieder, der Wind pfeift ihr ins Gesicht, und die Bäume ziehen vorbei, links, rechts, links, rechts... Und wieder dieses wunderbare Gefühl, fast wie Fliegen...

„Oh, was ist denn das?" „Wir im Forschungszentrum nennen das Anker. Immer, wenn du mit deinen Fingern wieder deine Hand berührst, kannst du in dieses Gefühl kommen. Ich hätte dich auch an der Schulter anfassen oder dir das Wort ‚Inline Skater' oder ‚Park' oder ‚Sausewind' sagen können, das ist egal. Aber mir war einfach nach der Berührung. Und wie du eben gemerkt hast, kannst dich auch du jetzt ganz leicht immer wieder in diesen Zustand versetzen. Genieße es, je öfter, desto besser"...

„Na, das ist ja schon 'mal recht spannend", teilt Anna der Zauberfee mit, „nur weiß ich noch nicht so ganz, was das alles mit Schule zu tun haben soll. Schule ist schließlich nicht Inline-Skater fahren." „Vielleicht noch nicht", antwortet die Zauberfee, doch mit dieser Antwort kann Anna noch gar nichts anfangen. Aber sie hört erst einmal weiter aufmerksam zu, was die Zauberfee erzählt.

Als nächstes bittet die Zauberfee Anna, an die Schule zu denken. O je, sie seufzt, ihre Schultern sinken ein wenig nach unten, sie läßt den Kopf hängen und fühlt sich angespannt. Sie sieht ihren Lehrer vor sich, hört seine Stimme und wird unruhig. Ja auf einmal scheint es sogar wie im Klassenzimmer zu riechen... Der Lehrer sagt, sie soll rechnen und wiederholt ihr die Aufgabe, doch sie weiß nicht so genau, wie und was sie da machen soll. Die Zahlen erscheinen groß, schwarz und bedrohlich, sie fühlt sich wie zwischen all den großen Zahlen.

„Das reicht", unterbricht sie die Zauberfee. „Komm doch erst einmal wieder raus aus deiner Erinnerung." „Uff, das war Rettung in letzter Sekunde, ich hätte nämlich nicht gewußt, wie die Aufgabe geht." „Wie erging es dir denn eben?" will die Zauberfee wissen. „Na ja, Schule eben, nicht so ganz toll", erklärt Anna. „Woran hast du denn eben gemerkt, daß es dir nicht so toll ging?" fragt die Zauberfee.

„Ich sah unseren Lehrer, Herrn Hofmann, vor mir und hörte, wie er mir eine Matheaufgabe stellte. Dann war da auch so ein komisches Gefühl im Bauch, und mein Kopf war auf einmal ganz leer oder durcheinander", antwortet Anna.

„Das stelle ich mir auch scheußlich vor", meint die Zauberfee einfühlend. „Deshalb ist es ganz wichtig, daß du möglichst schnell erkennst, wenn du dich so fühlst. Dann gibt es nämlich mindestens hundert Tips, wie du wieder in eine neutrale Stimmung kommen kannst. Ich sage dir einfach ein paar, und du kannst gleich ausprobieren, welche Möglichkeit jetzt gerade am besten bei dir wirkt. Außerdem bin ich sicher, daß dir selbst noch gaaaanz viele Möglichkeiten einfallen.

Denk doch einfach noch einmal an die Schule, und jetzt steh auf und atme einige Male ganz tief durch...
Denk noch einmal an die Schule, stehe auf und mache mindestens drei Kniebeugen...

Denk wieder an die Schule, stehe auf und drehe dich um dich selbst...
Denk wieder an die Schule, stehe auf und schüttle dich...
Denk wieder an die Schule, und strecke dich im Sitzen...
Denk wieder an die Schule, und lehn dich auf deinem Stuhl zurück...
Denk wieder an die Schule, und halte einfach dein Buch/ dein Arbeitsblatt ein Stück von dir weg...
Denk wieder an die Schule, stehe auf und hole dir etwas zu trinken..."

„He, das sind wirklich ganz schön viele Möglichkeiten", meint Anna. „Also aufstehen und schütteln und Kniebeugen und mich im Kreis drehen hat am besten gewirkt. Aber der Tip, das Arbeitsblatt wegzuschieben und mich gleichzeitig zurückzulehnen und tief zu atmen, ist auch recht gut. Vor allem kann ich den gut in der Schule anwenden, weil das Herr Hofmann nicht merkt. Hihihi... Es ist wirklich klasse, aus dieser blöden ‚Ich-kann-nix-Stimmung' herauszukommen."

„Es kommt aber noch viel toller", verspricht die Zauberfee. „Berühre jetzt noch einmal dein Handgelenk haargenau so, wie ich es eben tat! Also an der gleichen Stelle, mit dem gleichen Druck, genauso lange!" Wow, Anna ist auf einmal wieder auf ihren Inline-Skatern. „Das ist ja die Wucht in Tüten", meint sie.

„Wenn du willst, kannst du auch alle drei Schritte gleich nacheinander ablaufen lassen. Mach's doch gleich mal!" rät die Zauberfee. Anna denkt also wieder an die Schule, an die Rechenaufgaben, an Herrn Hofmann, die Arbeitsblätter für die nächste Nachschrift und merkt, wie sie aufgeregt wird, wie ihr Kopf wieder ganz wirr wird, wie ihr nach Gähnen und Träumen zumute ist..., dann springt sie auf, schüttelt sich, macht Kniebeugen und atmet dreimal ganz tief ein und aus, und schon ist der Spuk vorbei. Sie berührt dann ihr Handgelenk und ist wieder in ihrem `Inliner-Zustand`.

„Das ist ja spitze. Da erscheint die Schule schon gar nicht mehr so schlimm", teilt Anna der Zauberfee mit. Die schaut sie lächelnd an und rät ihr, darauf zu achten, immer öfter das ‚Inline-Skater-Gefühl' zu haben und immer seltener das ‚Ich-kann-nix-Gefühl'. Daran will sich Anna gerne halten.

Auf einmal jedoch ist die Fee verschwunden. Anna ist verdutzt, freut sich aber über die Tips, die ihr die Zauberfee verraten hat. Sie überlegt, ob sie ihrer Mutter von der Begegnung erzählen soll. Schließlich entscheidet sie sich dafür, erst einmal Benedikt einzuweihen. Der will diese Tips sicher auch gerne kennenlernen und ausprobieren. Vielleicht eröffnet sie ja mit Benedikt eine Zweigstelle vom Forschungszentrum...

Fazit

Es gibt drei grundlegende Zustände: ‚festgefahren', ‚Hier und Jetzt' und ‚in Balance'. Wenn Sie erkennen, daß Sie ‚festgefahren' sind, können Sie sich mit einem Unterbrecher in die Gegenwart bringen und einen Anker auslösen, um sich ‚Balance' oder in einen anderen ‚Wohlfühl-Zustand' zu bringen. Als Anker kann eine Geste, ein Wort, eine Melodie, ein Bild etc. dienen. Wichtig ist, daß Sie sich wieder so fühlen, wie Sie sich fühlen möchten. Je öfter Sie Ihren Anker benutzen, desto stärker wirkt er, weil dadurch die Verbindung zwischen Anker und Reaktion immer stärker gefestigt wird.

Sie erkennen nun einen festgefahrenen Zustand, haben ausprobiert, welcher Unterbrecher Sie am besten wieder in die Gegenwart holt, und können sich mit Ihrem Anker ‚in Balance' bringen. Auch Ihr Kind erkennt, wenn es festgefahren ist, und kann sich selbst wieder aus diesem Zustand herausholen und mit einem Anker in ‚Harmonie' bringen. Mit diesen Grundlagen ausgestattet, geht es nun direkt an das Thema Schule. Und was erlebt ein Schüler häufiger als Hausaufgaben und Lernen?...

Kapitel 6

Hausaufgaben und Lernen – Ein Nachmittag mit Anna Anders und der Zauberfee

Erleben mit allen Sinnen

Manuela geht an einem regnerischen Herbsttag im Wald spazieren. Mit offenen Augen und Ohren läuft sie durch den Wald und *sieht* Bäume, Farne, Pilze, heruntergefallenes Laub, Heidelbeerbüsche, Wandermarkierungen, Lichtungen, Wege etc. Dabei *hört* sie das Rascheln des Laubes unter ihren Schritten, das Zwitschern der Vögel, wie Regen auf die Blätter und auf den Weg tropft, in der Ferne das Rauschen des Autoverkehrs etc. Sie *spürt,* wie es sich anfühlt, auf dem weichen Waldboden zu gehen und auf dem befestigten Weg, sie spürt die Unebenheit des Bodens; sie berührt die Rinde eines Baumes, Tannenzapfen, Moos. Sie *riecht* die Pilze, die Feuchtigkeit, das Harz der Bäume. Hin und wieder ißt sie ein paar Blaubeeren, die ihr gut *schmecken* und probiert Pilze auf ihre Genießbarkeit hin...

Manuela genießt ihren Spaziergang, denn es gibt viel zu entdecken. Je mehr Sinne und je stärker die Sinne beteiligt sind, desto intensiver erleben wir die Welt. Alle Sinneswahrnehmungen zusammen machen unser Erleben aus. Doch die einzelnen Sinne sind gewissermaßen erst die Grobeinteilung. Wir können die Wahrnehmungen jedes Sinnesorgans noch genauer bestimmen: Durch gezielte Fragen können diese Feinheiten erfragt werden. Präzises Fragen bietet zweierlei Vorteile: Manuela aus unserem Beispiel erlebt den Spaziergang in ihrer Erinnerung noch einmal sehr intensiv und schaut, hört, fühlt, riecht und schmeckt ganz bewußt und damit gründlicher. Der Fragende erhält mehr Informationen darüber, wie Manuela den Spaziergang wahrnimmt.

Im Bereich des Sehens könnte Manuela z. B. darauf achten, wie sich die einzelnen Blätter in ihrer Form und ihrer Verfärbung unterscheiden. Sie könnte auf die verschiedenen Wandermarkierungen (gelber Punkt, grüner Strich usw.) achten. Im Bereich des Hörens könnte sie die Stimmen der verschiedenen Vögel unterscheiden, darauf achten, wie Regen auf Stein oder auf Moos oder Blättern klingt. Im Bereich des Fühlens könnte sie ihre Aufmerksamkeit darauf richten, wie sich verschiedene Baumrinden anfühlen, aber auch auf die Temperatur einzelner Pflanzen. Im Bereich des Riechens könnte sie prüfen, ob das Harz verschiedener Baumsorten gleich riecht. Im Bereich des Schmeckens darauf, welche Pilze scharf, welche eher bitter schmecken, ganz abgesehen natürlich von den Blaubeeren...

Was hat das jetzt alles mit Schule und Lernen zu tun? Gerade die Feinheiten der Wahrnehmung beeinflussen unser Erleben maßgeblich und ganz besonders das Lernen. Dazu ein Beispiel:

Alexandra sitzt über ihrem Lesebuch. Sie soll drei Seiten mehrmals lesen. Lesen ist ihr unangenehm. Auf genaueres Fragen antwortet sie: Die Buchstaben erscheinen ihr riesig und pechschwarz und ganz nah vor ihren Augen (Sehen). Dazu *hört* sie ein lautes Dröhnen und eine unangenehme Stimme. Die Buchstaben wirken auf sie ziemlich unangenehm, ja bedrohlich. Sie fühlt sich unwohl. Wieviel Spaß wird Alexandra wohl am Lesen haben?

Was könnte Alexandra tun, damit die Buchstaben ihr freundlicher erscheinen, Lesen insgesamt angenehmer für sie wird? Sie kann die Feinheiten ihrer Wahrnehmung auf einem oder mehreren Sinneskanälen verändern. Wenn sie die Buchstaben z. B. dunkelblau sieht, auf ganz zart blauem Hintergrund, ca. 3–4 cm groß, in sicherem Abstand, dazu eine freundliche, eher leise Stimme hört, die ihr die Worte vorspricht, wie wird das wohl ihren Spaß am Lesen verändern?

Genau darum geht es in diesem Kapitel. **Die Feinheiten in der eigenen Wahrnehmung so zu verändern, daß der Lernstoff angenehm erscheint.** Denn wer macht auf Dauer schon gern

Unangenehmes, noch dazu gern oder gut? Wenn der Stoff nämlich unangenehme Gefühle und Empfindungen auslöst, gerät der Körper in eine Abwehrhaltung und in Streß. Dadurch ist man weniger leistungsstark und leistungsbereit. Erscheint der Stoff hingegen freundlich und ruft angenehme Gefühle hervor, ist der Organismus entspannt und erheblich besser auf Lernen eingestellt. Durch die Veränderung der Feineinstellung sogar von Einzelheiten oder einzelnen Aufgaben läßt sich so die Einstellung zum jeweiligen Schulfach insgesamt ganz maßgeblich verändern.

Was können Sie tun, um Ihr Kind dabei zu unterstützen, sich den Lernstoff angenehm zu gestalten?

Sie können gezielte Fragen stellen:

Fragen zum Sehen:
Wie groß nimmst du die Buchstaben wahr?
Welche Farbe haben Sie?
Wie weit sind sie von dir entfernt?
Sind Sie flach wie auf einem Foto oder dreidimensional?

Fragen zum Hören:
Hörst du jemand, der die Buchstaben oder Wörter sagt?
Wie laut ist diese Stimme?
Ist es die Stimme eines Mannes, einer Frau oder eines Kindes?
Gibt es sonst noch Geräusche im Hintergrund?

Fragen zum Fühlen:
Wie würden sich die Buchstaben anfühlen, wenn du sie berührst: glatt/rauh, kühl/warm, fest/weich etc.?
Wie wirken die Buchstaben auf dich, wie fühlst du dich, wenn du sie siehst?

Fragen zum Riechen und Schmecken:
Haben die Buchstaben einen besonderen Geruch, einen besonderen Geschmack?

Das ist zunächst einmal die **Bestandsaufnahme.** Sie können die Aussagen Ihres Kindes notieren, wenn Sie wollen.

Dann kommt der entscheidende Schritt: **Die Veränderung**
Die Schlüsselfrage dazu lautet:
Wie müßten die Buchstaben sein, damit sie dir angenehm und freundlich erscheinen, damit dir das Lesen leicht fällt?

Dann können Sie wieder die Fragen von oben verwenden:

Fragen für den Bereich des Sehens wären z. B.:
Damit es dir angenehm ist,
... wie groß müßten die Buchstaben sein?
... welche Farbe müßten sie haben?
... wie müßte der Hintergrund sein?
... welcher Abstand von dir wäre am besten?
... sind die Buchstaben flach, also zwei- oder dreidimensional?
... welche Schriftart wäre dir die liebste?

Fragen für den Bereich des Hörens wären etwa:
Damit es dir angenehm ist,
... welche Art von Stimme hätten die Buchstaben, wenn sie sprechen könnten?
... würde die Stimme eher laut oder leise sprechen?
... würde sie sprechen oder singen?
... wie wäre ihr Tonfall?
... käme die Stimme von nah oder von weiter weg?
... kannst du nur die Stimme hören oder auch Hintergrundmusik?

Fragen für den Bereich des Fühlens können sein:
Damit es dir angenehm ist,
... wie warm oder kalt fühlen sich die Buchstaben an?
... wie ist ihre Oberfläche, sind sie eher rauh oder glatt?
... sind die Buchstaben eher kratzig oder flauschig?

Beispiele für Fragen aus dem Bereich des Riechens und Schmeckens:
Damit es dir angenehm ist,
... wäre es gut, wenn die Buchstaben einen bestimmten Geruch oder einen bestimmten Geschmack hätten?
... wie intensiv müßte der Geruch und/oder Geschmack sein?
... könntest nur du ihn riechen oder schmecken oder auch andere Personen?

Mandarinenbuchstaben können ganz schön aufmuntern und haben ihren eigenen Reiz. Hier ein Praxisbeispiel, wie ein Kind zu Mandarinenbuchstaben gekommen ist: Caroline ißt leidenschaftlich gern Mandarinen und Orangen. Lesen hingegen tut sie weniger gern. Auf Fragen hin, was ihr das Lesen angenehm machen könnte, verändert sie die Größe der Buchstaben und ihre Entfernung. Die Stimme kann bleiben, die Beschaffenheit der Buchstaben spielt auch keine Rolle. Ganz wichtig aber ist ihr, daß die Buchstaben nach Mandarinen riechen. In den ersten Tagen nach der Beratung legt sie beim Lesen häufig eine Mandarine neben sich, die sie nach dem Lesen ißt. Dann hat ihre Mutter noch eine andere Idee, die sich auch als sehr wirkungsvoll erweist. Sie bekommt ein Fläschchen Duftöl „Mandarine". Neben dem offenen Fläschchen bekommen die Buchstaben beim Lesen ihr eigenes Flair und beflügeln Caroline ungemein...

Lassen Sie sich von Ihren eigenen Erfahrungen und denen Ihrer Kinder überraschen.

Kinder sind sehr kreativ und erstaunlich detailliert in ihrer Wahrnehmung. Möglicherweise erscheint es ihnen zuerst noch ungewohnt, ihre Wahrnehmung so im einzelnen zu beschreiben – doch sie finden sehr schnell Gefallen daran, so genau hinzusehen, -hören und -spüren. Je gründlicher und genauer Sie nachfragen, desto intensiver stellt sich Ihr Kind die Buchstaben vor und desto angenehmer wird es sie erleben.

Notieren Sie diese Aussagen Ihres Kindes nach der Veränderung, denn dann können Sie und/oder Ihr Kind immer wieder nachschauen. (Schon wieder ein Anker, nicht wahr? Die sind aber auch wirklich überall...) Bewährt hat sich auch, vor dem Lernen bzw. den Hausaufgaben diese Wahrnehmungen dem Kind gewissermaßen als Einstieg in die Hausaufgaben einige Tage lang immer wieder vorzulesen und ihm so zu helfen, wieder in einen positiven „Hausaufgaben-Zustand" zu kommen. Durch das Vorlesen erinnern Sie Ihr Kind zum einen immer wieder an die Feinheiten der Buchstaben, die ihm das Lesen erleichtern und die es sich selbst erarbeitet hat. Zum anderen erinnern Sie es an seine Kreativität und seine Fähigkeit, sich die Dinge angenehm zu gestalten. Es hört wieder, wie es sich die Aufgaben erleichtern kann und erinnert sich, daß es das ja schon konnte und auch getan hat. Durch das Vorlesen kommt es deshalb in eine Stimmung, in der Hausaufgaben oder Lesen etc. positiv besetzt sind.

Neben dem Vorlesen gibt es auch noch andere Möglichkeiten, die einen positiven Hausaufgaben-Zustand unterstützen können. Bewährte Praxisbeispiele sind z. B. ein gemaltes rosa **Z**, in diesem Fall der Lieblingsbuchstabe in der Lieblingsfarbe, der immer wieder zum Lesen und zum Spaß am Lesen ermuntert; für Rechenaufgaben auch eine gelbe 1; die Lieblingsnote und die, mit der es sich leicht rechnet, und auch wieder die Lieblingsfarbe. Und wieder verstärkt sich die Wirkung, je häufiger Ihr Kind den Anker auslöst, sei es durch Vorlesen, durch einen gemalten Buchstaben oder durch die Lieblingszahl in der Lieblingsfarbe, vielleicht sogar eine duftende.

Selbstverständlich gelten diese Tips und Fragen auch für Zahlen, denn wer rechnet schon gern mit riesigen, gräßlichen, stinkenden, klebrigen Ungetümen...? Fragen Sie also Ihr Kind, wie ihm die Zahlen erscheinen. Erkundigen Sie sich genau danach, wie sie aussehen, wie groß sie sind, wie weit sie entfernt sind, welche Farbe sie haben, ob sie Stimmen haben, wie sie sich anfühlen, wie es sich mit den Zahlen fühlt, wie sie riechen und schmecken. Machen Sie auch hier wieder zuerst eine Bestandsaufnahme. Hierzu können Sie wieder die Fragen von oben verwenden. Ermuntern Sie dann Ihr Kind, die Zahlen so zu verändern, damit sie ihm angenehm erscheinen. Auch dabei können Sie sich an den Fragen für die Buchstaben orientieren. Wie es sich wohl mit bunten, hüpfenden, summenden Vanillezahlen rechnet...?

Richtig schreiben

Es gibt Kinder, die schreiben das Wort „deutsch": ‚d-o-i-t-s-c-h'. Was im ersten Moment vielleicht befremdet, wird bei näherem Hinsehen, besser gesagt bei genauem Hinhören klar. Wer hinsieht, ist erst einmal stutzig, denn diese Schreibweise *sieht* höchst ungewöhnlich aus. Wer hingegen hin*hört*, weiß gleich, was gemeint ist. Wer also ‚doitsch' schreibt, schreibt genau die Lautfolge (!), die er *vor seinem inneren Ohr hört*, die er vielleicht im Fernsehen oder Radio immer wieder *gehört* hat. Er schreibt ein Wort so, wie es *klingt*, wenn er es vor sich hin sagt. Dialekte können hier auch ‚gute Dienste leisten'...

Wer hingegen hinsieht, der schreibt die Buchstabenfolge (!), die er *vor seinem inneren Auge sieht*. Er sieht in seiner Vorstellung das Wort vielleicht auf einem Paß stehen, auf Wahlplakaten, in Zeitungen, in den Schlagzeilen im Fernsehen. Denn genau das Hinhören oder Hinsehen macht den entscheidenden Unterschied.

Im Englischen, das ja im Hinblick auf Rechtschreibung etliche Unregelmäßigkeiten aufweist, wurden zahlreiche Untersuchungen mit guten Rechtschreibern durchgeführt. Dabei kam folgendes Ergebnis heraus: Die Menschen, die sich am Hören orientieren, machen erheblich mehr Rechtschreibfehler als Menschen, die sich am geschriebenen Wort orientieren. Nach ihrer ‚Rechtschreibstrategie' befragt, antworteten die ‚sehenden Rechtschreiber', daß sie ein Wort hinschreiben bzw. ein Wort sehen und die richtige Schreibweise dann in ihnen ein gutes Gefühl auslöst. Ein falsch geschriebenes Wort kommt ihnen irgendwie komisch, „spanisch" vor, sie merken, daß etwas nicht stimmt und probieren eine neue Schreibweise aus oder schlagen in einem Lexikon, im Duden etc. nach. Für häufig vorkommende Wörter entwickelt sich durch jede Begegnung mit Lesen und Schreiben gewissermaßen ein Nachschlagewerk in ihrem Kopf. So ein Lexikon im Kopf entsteht natürlich nicht von jetzt bis sofort, sondern stellt einen Prozeß dar. Immer wieder werden neue Wörter in das Gedächtnisarchiv aufgenommen.

Sie können mit Ihrem Kind diese Erfahrungen auf verschiedene Arten nutzen. Ziel ist also ein ‚Duden im Kopf'. Die Wege dahin können vielfältig sein.

Wörter-Schatztruhe

Ein solches Nachschlagewerk für den Kopf kann Ihr Kind auch in der äußeren Realität herstellen. Hier kann es verschiedene Formen annehmen. Es kann z. B. die Form eines Karteikastens haben oder besser die einer ‚Schatztruhe'. So eine Schatztruhe bewahrt nämlich den Schatz eines fehlerfreien oder ‚fehlerarmen' Diktats auf. Konkret kann das so aussehen: Ihr Kind schreibt die Lernwörter mit einem Stift in der Lieblingsfarbe auf schönes Papier und schneidet kleine Kärtchen aus, schaut sich das richtig geschriebene Wort noch einmal an und achtet auf sein Gefühl beim Anblick der richtigen Schreibweise. Selbstverständlich können die Lernwörter auch mit dem Computer geschrieben und ausgedruckt werden. Vorteil ist die klarere Schrift, Nachteil – wie sich in der Beratung immer wieder zeigte –, daß handgeschriebene Wörter einfach besser sitzen, wohl weil die Computertastatur einen Zwischenschritt darstellt und keine unmittelbare Erfahrung bietet. Lassen Sie Ihr Kind selbst herausfinden, welche Methode bei ihm besser wirkt.

Die Kinder, die in einer ‚realen Schatztruhe' nur Arbeit, aber keinen Nutzen sehen, können sich eine „Phantasietruhe" anlegen. Ihr Kind stellt sich dann also vor, wie es die Wörter auf Phantasiekärtchen schreibt und von den Kärtchen auch wieder abliest. Dieses Ablesen ist wichtig, damit sich Ihr

Kind daran gewöhnt, sich an der Schreibweise zu orientieren und auf sein Gefühl dabei zu achten.

Zur Erleichterung des Schreibens – sowohl in der Phantasie als auch mit „echtem" Stift und Papier – kann sich ihr Kind vorstellen, die Wörter strömen in dieser – richtigen – Schreibweise Buchstabe für Buchstabe bzw. in Buchstabenkombinationen oder bei kurzen Wörtern auch als ganze Wörter in sein Gehirn ein und finden dort ihren Platz in der Truhe. An diese Truhe kann es sich dann beim Schreiben immer wieder wenden und dort nachschauen. So kann es sich die Wörter aneignen. Mit jedem weiteren Anschauen festigt sich so auch das mit der richtigen Schreibung einhergehende Gefühl. Je besser also Schreibweise und Gefühl verknüpft sind, desto eher wird es merken, wenn ein Wort ‚komisch' aussieht.

Die Schatztruhe – auch wieder die in der Vorstellung und die reale – dient vor allem auch der Überprüfung von Wissen. Um sich selbst abzufragen, kann Ihr Kind die Wörter leise oder laut buchstabieren und die einzelnen Buchstaben dabei ablesen und auch hier wieder auf sein Gefühl achten. Als weiteren und schwierigeren Schritt der Überprüfung kann es die Wörter rückwärts buchstabieren. Beim Ablesen vom imaginären Kärtchen ist das kein Problem, beim Hören dagegen wäre es ein großes. Dazu ein Beispiel: Ihr Kind hat gerade das Wort ‚Wiese' in seine Truhe aufgenommen. Als erste Überprüfung kann es also buchstabieren: ‚W-i-e-s-e'. Als Steigerung und um sicherzustellen, daß es das Wort sieht und nicht hört, kann es rückwärts buchstabieren (!): e-s-e-i-w. Das rückwärts Lesen anzuregen würde nur zu Zungenbrechern führen.

Außerdem können in die Kärtchen gewissermaßen ‚Recht-schreib-Sicherungen' eingebaut werden. Eine falsche Schreibweise kann sich beispielsweise in Form eines Blinklichtes, einer Signallampe oder eines Signaltons bemerkbar machen. Dieses Signal leuchtet immer dann auf bzw. ertönt immer dann, wenn eine Schreibweise ein anderes Gefühl auslöst als das für das richtig geschriebene Wort. Sie können auch hier Ihr Kind herausfinden lassen, welches Signal bei ihm am besten wirkt.

Die Wörter werden also auf kleine Kärtchen geschrieben und diese Kärtchen immer wieder angeschaut. Es lassen sich auch Spiele damit veranstalten. Besonders gut gefällt mir die Idee des Lernwörter-Memorys, das ein Kind sich ausgedacht hat. Ein fröhliches Schatzkarten-Suchen, ein Pfänderspiel mit Kärtchen, die Kärtchen als Gutscheine etc. Die Kärtchen können auch an verschiedenen Stellen ausgelegt werden, gewissermaßen als Wörter-Schnitzeljagd in der Wohnung, im Zimmer etc. Der Phantasie sind keine Grenzen gesetzt. Wichtig und das ist Ziel davon ist, daß die Kärtchen immer wieder spielerisch auftauchen, daß sie als Gedächtnisstütze erlebt werden, die vielfältig genutzt werden können und vor allem immer wieder ins Blickfeld kommen. Denn so wirken die Kärtchen als Anker, und unregelmäßig ausgelöste Anker wirken besonders gut. Unregelmäßig heißt, ich stoße auf einen Anker, ein Anker wird ausgelöst, wenn ich gar nicht bewußt damit rechne. Das kann sein, wenn ein Kärtchen neben der Untertasse liegt, hinter dem Spiegel klemmt, an der Zimmertür klebt, im Federmäppchen liegt etc. So bekommt das Gehirn noch einmal einen Impuls und wird in unregelmäßigen Abständen an die Wörter erinnert, nicht nur wenn sich das Kind vornimmt, noch einmal die Wörter anzuschauen.

Falls Ihr Kind überhaupt und unter gar keinen Umständen zu realen oder imaginären, handgeschriebenen oder am Computer gestalteten Kärtchen zu bewegen sein sollte, gibt es noch viele Möglichkeiten, Wörter zu schreiben und dann abzulesen. Wörter können mit der eigenen Hand in die andere geschrieben werden, ebenso auf den Unterarm. Kinder schreiben sich gegenseitig die Wörter auf den Rücken. Besonders praktisch ist es, sich die Wörter auf dem Rücken des Vordermanns oder der Vorderfrau vorzustellen, da können sie auch leicht während Prüfungen „abgeschrieben" oder „nachgeschaut" werden. Wörter können mit dem Finger, der Hand, dem Arm, dem Kopf, dem Bein, dem Fuß, den Zehen, dem ganzen Körper in die Luft geschrieben werden...

Der Gedächtnisspeicher

Als sehr inspirierend und motivierend für Kinder hat sich auch herausgestellt, wenn sie sich ein Bild davon machen, wo und wie denn das Wissen in ihrem Gehirn gespeichert ist. Kathrin bewahrt beispielsweise ihr Wissen in einer großen Kiste in ihrem Kopf auf. Darin hat alles seinen Platz. Es gibt Raum für die einzelnen Fächer, und in diesen „Abteilungen" ist das Wissen dann geordnet. Ihre Schwester hingegen speichert ihr Wissen in großen, dicken, alten Büchern, in denen sie immer wieder nachschlägt. Wie speichern Sie Ihr Wissen, und wissen Sie, wie Ihr Kind sein Wissen speichert...? Die Frage und eine phantasievolle Vorstellung lohnt sich, um den Lernprozeß wieder angenehm und vor allem greifbar zu machen.

Fragen, die die Phantasie anregen, sind beispielsweise:

Welche Farbe hat dein Gedächtnisspeicher?
Wie groß ist er?
Wo ist er untergebracht? Hat er eine bestimmte Stelle in deinem Kopf, oder ist er eher überall?
Wie ist dein Wissen in deinem Speicher angeordnet?
Wie kommst du an deinen Speicher heran?
Wie vertraut ist dir dein Speicher?
Wie gern magst du deinen Speicher?
Könntest du etwas verändern, damit du ihn lieber magst?
Brauchst du ein Codewort, um an ihn heranzukommen?
Wie sind die einzelnen Wissensgebiete aufgeteilt? Ist alles geordnet oder eher ein Durcheinander?
In welchem Zustand ist dein Speicher?
Wie ist die Zusammenarbeit zwischen dir und deinem Speicher? Hast du immer Zugriff?
Was erleichtert und was erschwert dir den Zugriff?
Hat dein Speicher irgend welche Mitteilungen, Bitten oder Wünsche an dich? etc.

Mit einer konkreten Vorstellung des Gedächtnisspeichers wird auch Wissen konkreter. Lernen bedeutet dann nicht mehr, irgend welchen Stoff in sich aufnehmen, sondern lernen und Gelerntes behalten sind dann ganz individuell. Ihr Kind macht sich sein eigenes Bild vom Lernvorgang und davon, wie es das erworbene Wissen aufbewahrt. Hier gibt es kein Richtig oder Falsch, die eigene Vorstellung ‚hat recht'. Durch die konkreten Bilder verbessert ihr Kind den Kontakt zu sich selbst, denn welches Gehirn arbeitet schon gut, wenn es oft als blöd oder dumm bezeichnet wird?

Ein Nachmittag mit Anna Anders – Wie Anna ihre Hausaufgaben erlebt

Eines Nachmittags sitzt Anna wieder einmal über ihren Hausaufgaben, und nichts geht voran. Die Mutter hat auch schon hereingeschaut, weil es gar so lange dauert und sie später noch einen Besuch bei Tante Claudia machen wollen. Doch heute fällt es Anna besonders schwer. Zuerst hatte sie es ja redlich versucht, doch sie kam nicht weiter und träumt seitdem vor sich hin. „Vielleicht erledigen sich die Aufgaben ja von selbst... Das wäre toll..."

Als sie so vor sich hinbrütet, fällt ihr Blick auf ihr Springseil, und die Zauberfee kommt ihr in den Sinn. „Mensch" denkt sie, „die hat doch da sicher einige Tips auf Lager." Sie erinnert sich an das, was ihr die Zauberfee schon verraten hat und sagt zu sich selbst: „Erst mal raus aus dieser schrecklichen Stimmung, da geht ja gar nichts." Sie steht erst einmal entschlossen auf, atmet sieben mal ganz tief ein und aus, macht drei Kniebeugen und hüpft zehnmal ganz schnell mit ihrem Springseil. „So" stellt sie etwas atemlos, aber sehr zufrieden mit sich fest ,„das ist schon 'was ganz anderes, jetzt geht's mir besser. Ich mach auch gleich noch mal das Fenster auf, damit der Mief hier raus kann."

Zu ihrer Überraschung sieht sie die Zauberfee auf dem Fensterbrett sitzen. „Ach, hallo, das ist ja toll, dich zu sehen", begrüßt Anna die Fee erfreut. „Ich sitze gerade über meinen Hausaufgaben, und alles ist recht schrecklich. Da fiel mir dein Tip ein, und ich bin erst mal aufgestanden, habe tief geatmet und mich bewegt und bin auch mit dem Springseil gehüpft. Das war klasse, denn das Springseil verbinde ich mit Spaß mit meinen Freundinnen im Park. Jetzt hab ich bessere Laune. Nur die blöden Aufgaben sind immer noch nicht gemacht."

„Hallo Anna", antwortet die Zauberfee. „Ich hab schon gesehen, daß du nicht vorankamst, aber in dem Zustand konnte ich dich nicht auf mich aufmerksam machen. Zum Glück hast du dann an einen Tip aus Schlaudorf gedacht. Und wie ich sehe, wirkt das Seilhüpfen ganz gut. Ich habe dich nämlich von hier außen beobachtet. Eben über deinen Büchern sahst du nicht gerade fröhlich aus. Jetzt wirkst du schon lebendiger. Sag mal, kennst du eigentlich unsere Schlaudorfer Forschungsergebnisse zu Lernen und Hausaufgaben? Ich hab sie vorsichtshalber mal mitgebracht..."

Jetzt wird Anna neugierig. Immerhin hatten die Tips der Zauberfee bisher schon ganz gut gewirkt... „Welche Tips hast du denn heute auf Lager?" will sie wissen. Die Zauberfee krempelt sich die Ärmel hoch und hüpft vor Freude in die Höhe. „Ha", juchzt sie, „endlich 'mal wieder ein Hausaufgaben-Ritual."

„Ein was?" fragt Anna verständnislos zurück. „Ein Ritual für Hausaufgaben. Das sind verschiedene Handlungen, die einen Rahmen für etwas bilden", erklärte die Fee. Anna versteht immer noch nicht so ganz, doch da fragt die Fee schon weiter.

„Wie gehst du denn an deine Hausaufgaben ran?" „Naja, nach dem Mittagessen schickt mich Mama in mein Zimmer, und ich soll Hausaufgaben machen. Da packe ich meine Hefte und Bücher aus, schaue nach, was wir auf haben, und dann vergeht mir meistens schon die Lust, denn das ist oft ein riesiger Berg. Ich denke, daß ich da bestimmt ganz lange dazu brauche und daß ich gar nicht so recht weiß, wie ich es machen soll." „Au weh, Riesenberge von Hausaufgaben, das klingt ja gar nicht gut. Kein Wunder, daß du dich da nicht wohl fühlst. Hast du Lust, daß wir heute einmal gemeinsam deine Hausaufgaben machen? Ich stelle dir zwischendurch immer wieder Fragen, und du paßt einfach auf, was sich für dich verändert."

Dazu hatte Anna Lust, denn das klingt nach Forschung. „Außerdem", fährt die Zauberfee fort, „du bist doch eine Forscherin, hast du nicht Lust, uns zu helfen, herauszufinden, wie Hausaufgaben schnell und leicht erledigt werden können? Für die besten Erfindungen winken auch Einladungen..." Anna ist einverstanden. „Also, auf die Plätze, fertig, los...", ruft die Zauberfee. Anna ist noch etwas verdutzt, kommt aber schnell mit an ihren Schreibtisch."

„Was willst du denn machen, wenn du deine Aufgaben erledigt hast?" erkundigt sich die Zauberfee. Anna ist verblüfft: „Wieso nachher, ich denke, es geht jetzt um die Hausaufgaben?" wundert sie sich. „Klar geht es um die Hausaufgaben – nur wenn du nichts hast, worauf du dich nachher freuen kannst, dann könntest du ja weiter den ganzen Tag vertrödeln – und es würde keinen Unterschied machen – oder?" gibt die Zauberfee zu bedenken.

Ach so, ja, da hat die Fee auch wieder recht. „Du meinst also, bevor ich anfange, soll ich mir erst einmal überlegen, was ich nachher ganz Tolles machen kann, wie ich mich belohnen kann?" „Ja genau, das ist ein ganz wichtiger Punkt", meint die Zauberfee.

Anna weiß, daß sie nachher mit zu Tante Claudia gehen soll, doch wahrscheinlich ist ja auch noch Zeit, um ein bißchen zu malen. Außerdem kann sie ihre Malsachen ja auch mitnehmen. Sie würde gerne mal die Zauberfee und ihre Tips malen. Au ja, darauf hat sie Lust, und das teilt sie der Fee mit. Die ist auch angetan von Annas Idee. Die ist überhaupt recht zufrieden. Anna kann sich gar nicht erinnern, daß die schon einmal an ihr herumgemeckert hat. Sehr sympathisch oder wie das heißt, denkt sie.

„Was hast du denn heute zu machen?" will die Zauberfee wissen. „Also bis morgen muß ich rechnen, lesen und HSK lernen. Und am Freitag schreiben wir eine Nachschrift. Vielleicht fange ich heute schon ein bißchen an, die Wörter zu lernen...", antwortet Anna. „Wenn du die Rechenaufgaben, HSK, Lesen und die Lernwörter anschaust, wie kommt dir denn das alles vor?" fragt die Zauberfee. „Uff, das ist eben ein riesiger Berg", stöhnt Anna.

„Kein Wunder, daß du nicht vorankommst. Wie ich sehe, hast du auch ohne jegliche Vorbereitung angefangen. Heieiei", schimpft die Zauberfee, „verraten die in der Schule eigentlich nichts von den wirklich wichtigen Sachen...? Was müßte sich denn verändern, daß dir die Hausaufgaben angenehm oder zumindest annehmbar wären?" fragt die Fee.

„Hm", überlegt Anna, in diese Richtung hatte sie noch gar nie gedacht, „erst einmal müßte der Riesenberg zu lauter kleinen Hügeln werden. Dann müßte ich wissen, daß ich es kann, daß manche Sachen auch leicht gehen und daß ich auch mal wieder fertig werde und dann noch was machen kann, was mir Spaß macht." „Das scheint mir auch so", bekräftigt sie die Zauberfee.

„Dann lege doch mal die einzelnen Fächer alle auf kleine Stöße, und schieb alle so weit von dir weg oder stehe auf und gehe du so weit weg oder stell dich auf einen Stuhl, damit du den Überblick hast. Wichtig ist, daß du erst einmal Abstand hast." Das brauchte sie Anna nicht zweimal sagen, schwupp, schon stand die auf ihrem Stuhl.

„Ja, von hier oben sieht das schon viel kleiner aus", sagt Anna zufrieden.

„Jetzt überlege mal", fordert sie die Zauberfee auf, „was dir leicht und was dir weniger leicht vorkommt und entscheide, welchem du dich zuerst widmen willst." „Also, ich will zuerst das Leichte machen, denn da weiß ich, daß ich vorankomme, und außerdem ist das wie beim Handball. Da muß ich mich auch erst einmal aufwärmen, bevor wir richtig zu spielen anfangen. Und ich will zuerst das Schriftliche machen, das bis morgen auf ist, dann das Mündliche bis morgen und dann das bis für später."

„Na, das ist ja schon die halbe Miete", nickt die Zauberfee zufrieden. Auch Anna ist ganz erstaunt, was sie für gute Ideen hat und wie die Hausaufgabe schon ihren Schrecken verliert. „So, das ist schon einmal der erste Teil des Rituals: Überblick und Einteilung. Als nächstes empfehlen wir immer den Zaubertrank." „Ja, den brauche ich dringend", meint Anna.

„Weißt du", erklärt die Fee „für ahnungslose Menschen ist der Zaubertrank einfach ein Glas Wasser, und die brauchen auch gar nicht mehr dazu wissen. Auf neugierige Fragen hin könntest du antworten, daß Wasser gut für den Körper und das Gehirn ist, die beiden können sich dann gut verständigen und sind fit. Das ist so die äußere Seite. Wir beide wissen aber, daß das Wasser, wenn wir es nur ein bißchen scharf anschauen, eigentlich Hausifix ist. Doch das geht die neugierigen Frager nichts an... Ein Glas Hausifix bzw. Wasser ist wie der Energiedrink, den ein Sportler vor einem Spiel oder Wettkampf zu sich nimmt."

Anna saust in die Küche, holt sich eine Flasche Wasser und ein Glas und verschwindet gleich wieder in ihrem Zimmer. Das geht so schnell, daß die Mutter gar keine Zeit hat, etwas zu fragen. Anna gießt sich sorgfältig ein Glas voll, schaut das Wasser scharf an und verwandelt es in ihrer Vorstellung mit einem Zauberspruch in Hausifix und trinkt ganz konzentriert einige große Schlucke. „Ah, das tut gut; ich fühle mich frisch und klar", stellt sie fest. „Also los geht's mit dem Rechnen."

„Uff, schon wieder 10 Aufgaben", stöhnt Anna. „Die könnte ich ja auch auf drei kleine Hügel aufteilen, denn drei Aufgaben erscheinen mir nicht viel, und den einen Hügel mit vier, na den werde ich schon auch schaffen." Ja, diese Aufteilung entspannt die Lage. Anna setzt sich wieder und betrachtet die kleinen Hügelchen.

„So, und jetzt schau dir die Aufgaben einmal ganz genau an!" fordert die Fee Anna auf. „Wie nimmst du die Zahlen denn wahr? Wie weit sind sie von dir entfernt? Wie groß sind sie? Welche Farbe haben sie? Wie ist die Farbe des Hintergrunds?"

„Also, die Zahlen sind jetzt ganz nahe bei mir. Sie sind ziemlich groß und etwas verschwommen. Sie sind schwarz und ganz eckig und zackig. Der Hintergrund ist weiß, aber irgendwie schmutzig. Wenn ich die so anschaue, ist mir ganz mulmig." Dabei rutscht Anna auf ihrem Stuhl herum und schüttelt sich. „Hm, so ähnlich habe ich mir das schon vorgestellt", wirft die Zauberfee ein. „Steh doch bitte erst einmal auf, atme tief und schüttle dich. Gut so, und jetzt mach es dir ganz bequem und überlege, wie die Zahlen sein müßten, daß sie angenehm auf dich wirken?"

„Also, wenn ich sie mir dunkelblau und fingergroß vorstelle und zwei Schritte zurückgehe, dann erscheinen sie mir schon freundlicher. Und der Hintergrund soll ein ganz helles, zartes Gelb sein. Ja, ganz wichtig ist vor allem, daß ich zurückgehe, sonst sehe ich den Wald vor lauter Bäumen nicht." Anna nickt zufrieden.

„Wenn die Zahlen sprechen könnten, was für eine Stimme hätten sie, oder wenn dir jemand die Aufgaben vorsagen würde, welche Stimme würde sie sagen? Würde ein Mann oder eine Frau oder ein Kind sprechen? Wie laut würde die Person sprechen? Wäre Musik im Hintergrund?"

„Hm...", Anna überlegt „also die Zahlen haben so eine ruhige Stimme wie du, und ich höre keine Musik, es ist still, nur die Zahlen, dann kann ich besser bei der Sache bleiben und es geht schneller. Die Zahlen wirken dann sehr beruhigend auf mich und erscheinen mir immer freundlicher."

„Und wie würden sie sich anfühlen, wenn du sie anfassen würdest?" will die Zauberfee nun auch noch wissen. „Also die wären fest, aber außen auch weich, so fast ein bißchen flauschig und auch etwas warm."

„Müßten die Zahlen auch einen bestimmten Geschmack und Geruch haben?" erkundigt sich die Zauberfee. „Ja, ja, die riechen und schmecken nach Vanille, das mag ich nämlich gern", antwortet Anna begeistert.

Ja, so ist das mit den Zahlen schon was anderes. Ganz verträumt schaut Anna auf ihre dunkelblauen, duftenden Vanillezahlen. „Jetzt macht es auch gar nicht mehr so viel aus, daß manche Aufgaben so trocken sind", meint Anna versöhnlich. „Trockene Aufgaben, na das ist ja nicht gerade der Hit. Also ich mag lieber lebendige Aufgaben", gibt die Zauberfee zu bedenken.

„Benedikt hat mir da mal was erzählt", erinnert sich Anna. „Er stellt sich immer vor, er rechnet Sachen aus, die ihn interessieren. Er stellt sich zum Beispiel vor, bei irgend welchen Aufgaben mit großen Zahlen und Plus- und Minusrechnungen, daß er Zugführer ist und diese Strecken fährt. Wenn er also rechnen muß 547–231, dann stellt er sich vor, 547 ist die ganze Strecke und 231 km ist er schon gefahren und weiß so, wie weit er noch fahren muß. Das ist ganz nett, aber ich bin schließlich kein Zugführer. Ich stelle mir lieber vor, daß ich im Flugzeug sitze oder einfach mit dem Zug fahre und meine Freundin Sandra besuche..." „Der Benedikt hat ganz schön schlaue Sachen auf Lager", sagt die Zauberfee anerkennend. „Kennst du eigentlich auch Tips für Textaufgaben und das 1x1?"

Anna spitzt die Ohren noch mehr.

„Also, den Tip für die Textaufgaben, den finde ich ganz schlau. Den hat mir ein Junge aus Erlangen verraten. Wenn er eine Textaufgabe rechnen muß, dann stellt er sich vor, eine Person aus der Textaufgabe zu sein. Dann ist das Ergebnis schon einmal wichtig für ihn. Außerdem hat er – als

Person in der Aufgabe – einen Taschenrechner in der Tasche, der ihm hilft, das richtige Ergebnis zu bekommen. Bei ihm wirkt es wunderbar; seit er mir davon erzählt hat, verbreite ich diesen Tip weiter, damit andere ihn auch ausprobieren können. Bei der nächsten Textaufgabe denk dran", ermuntert die Zauberfee Anna. Die hört staunend zu und nimmt es sich fest vor.

„Und wie ist das mit dem 1x1?" fragt Anna. „Na, du kannst ja wirklich nicht genug kriegen. Das verrate ich dir, wenn du dir die Lernwörter anschaust", vertröstet die Zauberfee Anna.

Lesen

Als nächstes ist Lesen dran. Anna schlägt ihr Lesebuch auf und schwankt zwischen Mutlosigkeit und Abenteuerlust. „Also bisher komme ich mir beim Lesen vor wie in einem Dschungel aus Buchstaben, aber die Buchstaben lassen sich ja sicher auch verzaubern, äh verändern", sagt Anna. Und schon beginnt die Zauberfee mit ihren Fragen: „Wie wirken denn die Buchstaben auf dich?" will sie von Anna wissen.

„Die sind alle so groß, so als würden sie mich umzingeln, ich bin wie im Buchstabenwald."

„Kein Wunder, daß du dich mit dem Lesen schwer tust, zum Lesen braucht man ja zu allererst einmal Abstand, sonst sieht man nur Buchstaben, aber keine Wörter. Das ist so wie mit dem Wald und den Bäumen. Steht man im Wald, sieht man vor lauter Bäumen den Wald nicht. Such dir doch einmal den idealen Abstand von deinem Lesebuch, so daß dir die Entfernung der Wörter angenehm ist; natürlich müssen sie noch in Sichtweite bleiben!"

Anna lehnt sich in ihrem Stuhl zurück und hält das Lesebuch mit ausgestreckten Armen von sich. Das ist schon viel besser. Die Buchstaben kommen ihr so kleiner und damit weniger bedrohlich und angenehmer vor. „So, und jetzt stell dir die Buchstaben mal in deiner Lieblingsfarbe vor", empfiehlt die Zauberfee als nächsten Schritt. Annas Lieblingsfarbe ist gelb. Doch gelbe Buchstaben auf weißem Papier lassen sich nicht gut lesen, deshalb entscheidet sich Anna für dunkelgrüne Buchstaben – sie sollen eine andere Farbe haben als die Zahlen – auf weißem Hintergrund mit einem roten Rand um das ganze Blatt. Das sieht gut aus, gefällt ihr und verschönert das Lesen. Anfangs erscheint ihr das ungewohnt. „Das geht doch nicht, die sind doch schwarz!" Die Zauberfee lächelt und erklärt: „Und wenn du jetzt eine grüne Brille aufhättest oder eine grüne Folie mit rotem Rand auf das Blatt legen würdest oder auch nur auf die Buchstaben, was würdest du dann sehen? Außerdem geht es jetzt erst einmal darum, die Buchstaben so schön und schnuckelig wie möglich zu machen. Später kannst du dann sicher auch schwarze Buchstaben lesen. Jetzt aber kann sich dein Gehirn bei den grünen Buchstaben besser entspannen. Ein bißchen Entspannen kannst du ihm schon gönnen." Anna nickt.

„Wie geht es dir jetzt, wenn du an Lesen denkst?" fragt die Zauberfee neugierig, denn sie hat gemerkt, daß Anna schon viel entspannter dasitzt und auch ruhig atmet.

„Schon viel besser", bemerkt Anna erleichtert.

Lesen in verschiedenen Haltungen

„Ich würde mit dir gerne noch einen Versuch machen, den wir für unser Forschungszentrum brauchen. Da geht es auch um Lesen; genauer gesagt um Lesen in verschiedenen Haltungen. Hast du Lust, etwas auszuprobieren? Ich schlage dir zwei Haltungen vor, du probierst aus, welche besser für dich ist", sagt die Zauberfee. Anna ist gleich einverstanden.

„Also, dann leg dein Buch 'mal auf den Tisch, rück den Stuhl ganz nah heran und beuge dich über das Buch. Spann jetzt alle Muskeln an, so sehr du kannst, atme ganz flach, als ob du hecheln würdest, und fang an zu lesen. Merke dir dabei einfach, wie sich Lesen in dieser Haltung anfühlt und ob es leicht für dich geht... Schnitt, schüttel dich etwas, atme einige Male tief durch, lehn dich jetzt bequem zurück, und stell dir vor, die Buchstaben fließen geradezu in deine Augen. Du mußt gar nichts machen, dich einfach nur entspannen und warten, bis die Buchstaben von selbst zu deinen Augen kommen und du die Geschichte so in dich aufnimmst... Achte auch diesmal einfach darauf, wie sich diese Haltung anfühlt, und ob das Lesen leicht für dich ist..."

Anna ist verblüfft. „Das ist ja ein Unterschied wie Schule und Ferien", meint sie. „Ja, diese Erfahrung haben wir immer wieder gemacht in Schlaudorf, Hauptsache bequem, sonst geht gar nichts. In Zukunft ist das deine Hauptaufgabe, erst einmal darauf zu achten, ob du dich auch richtig wohlfühlst, wenn du dein Lesebuch aufschlägst", ermahnt sie die Zauberfee.

„Fällt dir noch etwas ein, das dir das Lesen noch angenehmer machen könnte?" regt die Zauberfee Anna zum Nachdenken an. „Hm, vielleicht wenn ich nach jedem Absatz oder nach ein paar Sätzen eine Pause mache und noch einmal überdenke, was ich da eben gelesen habe; oft weiß ich das nämlich gar nicht so genau", denkt Anna laut vor sich hin. „Ja, das ist eine ganz hervorragende Idee", bestätigt die Zauberfee. „Lies doch gleich einmal so, und erinnere dich daran, dich bequem hinzusetzen und die Buchstaben in einer angenehmen Größe und dunkelgrün zu sehen."

„Ja, das ist viel besser. Vor allem ist jetzt auch das ganze Durcheinander in meinem Kopf verschwunden. Der ist jetzt so richtig schön klar", stellt Anna zufrieden fest.

„Siehst du, das ist auch eine wunderbare Gelegenheit, wieder einmal einen Anker zu setzen. Für einen klaren Kopf hat sich in Schlaudorf eine leichte Berührung der Stirn bewährt", weiß die Zauberfee. „Lies noch einmal, und achte ganz genau auf deinen klaren Kopf, und leg dann, wenn dein Kopf am klarsten ist, ganz leicht deine Hand auf deine Stirn."

Anna macht es und bemerkt: „Das ist ja prima, jetzt kann ich mir vorstellen, daß Lesen ja auch Spaß macht, wenn das so leicht sein kann..."

Die Zauberfee lächelt nur.

„Gut, was hast du als nächstes zu machen?" fragt die Zauberfee voll Unternehmungslust. Bei Hausaufgaben ist sie immer ganz in ihrem Element.

„Ach, ich muß noch HSK lernen; irgend etwas über Pilze oder so", antwortet Anna nicht ganz so begeistert. „Hm, Pilzgerichte können superlecker sein, aber dafür muß man schon genau wissen, welche Pilze man mehr als einmal essen kann und welche außerdem auch noch gut schmecken. Kennst du denn jemand, der sich mit Pilzen auskennt?" meint die Zauberfee. „Nein, nein", widerspricht Anna, „ich soll keine Pilze essen, ich soll die Pilze lernen. Den Aufbau und die verschiedenen Arten und so." „Ja ja, das habe ich mir schon so gedacht. Aber wie sollst du voller Eifer Pilze lernen, wenn es dann doch Spinat zum Abendessen gibt?" erwidert die Fee. „Wie lernst du denn solche Sachen?" „Was, wie lerne ich?" fragt Anna verständnislos zurück.

„Na, wie machst du das, daß du weißt, wie ein Pilz aufgebaut ist, welche verschiedenen Pilze es gibt, wie sie sich unterscheiden und all das? Wie beförderst du diese Informationen in dich hinein, wie merkst du sie dir und vor allem, wie kannst du sie dann wiedergeben?"

Darüber hatte Anna noch nicht nachgedacht. Das Wissen soll halt irgendwie in Ihren Kopf rein, und sie will es gerne wiedergeben können, wenn sie gefragt wird. Dafür liest sie sich ihre Arbeitsblätter durch und schaut sich die Bilder an.

Die Zauberfee lädt sie wieder zu einem Gedankenspiel ein. Vorher erklärt sie Anna noch etwas ganz Wichtiges: „Weißt du, wie Menschen leicht lernen?" Anna schüttelt fragend den Kopf. Die Zauberfee fährt fort: „Menschen lernen um so besser und leichter, je mehr Sinne sie beim Lernen einsetzen. Wenn du dir ‚nur' ein Bild von den Dingen machst, dann lernst du hauptsächlich über deine Augen. Wenn du dir Geräusche und Töne dazu vorstellst und dir auch noch vorstellst, wie die Dinge sich anfühlen und vielleicht riechen und schmecken, dann sind deine anderen

Sinne auch beteiligt und können helfen, dieses Wissen im Gehirn zu speichern. Das hilft dir auch, wenn du wieder auf Wissen zugreifen willst, dann kann schon die Information von einem Sinnesorgan ausreichen, und die Informationen der anderen Sinne kommen automatisch mit in deine Erinnerung. Das Wissen wird im Gehirn aufbewahrt. Hast du dir eigentlich schon einmal überlegt, wie und wo das gehen könnte? Stell dir einfach vor, wie du es gerne hättest, welche Möglichkeiten dir einfallen", sagt die Zauberfee.

Uff, das war jetzt ganz schön viel. Nein, Anna hatte sich noch nicht überlegt, wo und wie sie ihr Wissen aufbewahrt. Sie denkt ein Weilchen nach und sagt dann:

„Also ich stelle mir vor, daß ich in meinem Gehirn eine ganz große Schatztruhe habe. Die ist sehr schön, und in die lege ich alles Wissen hinein. Und da gibt es dann verschiedene Kästchen für die verschiedenen Fächer. Denn es soll ja nicht alles kreuz und quer herumschwirren, sondern schon ordentlich sein. Da kann ich dann leicht nachschauen. Dann schaue ich in meinen ‚Pilzkorb' und kann dann alles über Pilze ablesen."

Das Lernen mit allen Sinnesorganen will Anna erst einmal ausprobieren. Die Zauberfee schlägt vor: „Stell dir doch einmal vor, du gehst mit Benedikt und seinen Eltern im Wald spazieren... Was siehst du, sind Tiere unterwegs... ist Holz aufgeschichtet, lauft ihr auf einem Weg... ist Moos da, siehst du Pilze? Mache deine Bilder so, daß du dich gut dabei fühlst! Vielleicht die Sonne ein bißchen strahlender, die Bäume etwas grüner, wie es dir am besten gefällt! Welche Geräusche hörst du? Zwitschern Vögel in der Nähe, hörst du Regen, knacken Zweige unter eueren Füßen...? Wie fühlt sich der Boden an? Hast du diesmal schon eine Baumrinde berührt? Fühlt sie sich glatt oder eher rauh an? Wie ist es, im Wald zu rennen und zu hüpfen? Welche Jahreszeit ist es, und wie warm ist die Luft? Wie riecht der Wald? Hat es erst kürzlich geregnet? Gibt es Beeren, und hast du sie schon probiert? Und sieh jetzt auch Pilze. Welche Farben haben sie, wie fühlt sich ihre Oberfläche an? Wenn du willst, kannst du dir auch vorstellen, daß ihr einen Korb dabei habt und Pilze sammelt. Die eßbaren, wohlschmeckenden kommen in den Korb, die anderen laßt ihr stehen, und du kannst genau unterscheiden, welche bekömmlich sind und welche besser im Wald bleiben. Wie kannst du sie genau unterscheiden? Und wenn du dann genügend Pilze gesammelt hast, atme einige Male tief durch und komm mit deiner Aufmerksamkeit wieder hier in dieses Zimmer..." Die Zauberfee lächelt Anna an.

„Also so habe ich das bisher noch nie gemacht. Aber das war toll! Schön war es im Wald, und die Pilze sind mir viel näher. Ich werde sie jetzt auch malen und das Besondere der einzelnen Pilze auch hervorheben, es größer malen oder mit einer besonderen Farbe. Wenn ich es so gemalt und aufgeschrieben habe, dann lese ich es mir noch ein paar mal vor und lege es in meinen ‚Pilzkorb' im Gehirn. Später kann ich dann in meinem Pilzkorb nachschauen und das Wissen dort ablesen." Gesagt, getan, Anna malt und liest ganz eifrig und legt dann ihr Wissen ganz aufmerksam in ihren Korb. Da stellt sie fest, daß manches Wissen in großen alten Büchern besser aufgehoben ist. Dann kann sie wie in eine Bücherei kommen und die Dinge dort nachschlagen. Sie entscheidet sich, in ihrer Schatztruhe Bücher mit Bildern drin und auch Körbe zu haben.

Die Zauberfee gibt ihr gleich noch einen guten Tip: Lernen soll Spaß machen. Wenn du guter Laune bist, ist auch dein Gehirn so richtig aufnahmebereit. Und Lernen mit Spaß geht ganz einfach – du hast es eben erlebt auf deinem Pilzspaziergang." Denn wozu sollst du denn so ein Haufen Zeug lernen, wenn du dann nichts damit anfangen kannst. Achte auch darauf, daß du beim Lernen die Augen, Ohren, die Nase offen hast und mit der Haut fühlen und der Zunge schmecken kannst. Und dann verändere die Wahrnehmungen so, daß sie dir angenehm sind. Mache die Bäume besonders grün, den Waldboden besonders federnd, das Harz der Bäume besonders duftend, damit in deine Schatztruhe ein recht anziehendes und lebendiges Bild kommt. Dann kannst du's dir gut merken."

Anna hat noch eine Idee. Klar, sie versteht, daß sie sich erst einmal Bilder von dem Lernstoff machen muß, die sie dann in ihren Korb legen kann. Aber wiederholen kann sie das Ganze auch noch völlig anders. Damit sie nicht immer nur schaut und malt, sondern damit ihre Ohren auch mal zum Zuge kommen, beschließt sie, den Stoff auch manchmal, wenn sie viel zu lernen hat, auf eine Kassette zu sprechen und sich diese Kassette dann immer wieder anzuhören. Vor allem dann, wenn sie mit ganz anderen Dingen beschäftigt ist. Die kann sie auch hören, wenn sie gerade ihr Zimmer aufräumt oder vielleicht beim Zähneputzen oder wenn sie malt. Dann plätschert das Wissen einfach so im Hintergrund, genau wie ein Radio und die Werbung, die da immer kommt, die kann sie sich ja auch allein vom Hören gut merken.

Anna ist wieder recht zufrieden. Sie ist erleichtert, daß sie mit der Hausi für den nächsten Tag fertig ist. „So jetzt mal ich aber", ruft sie bestimmt. Die Zauberfee lächelt und will sich gerade davonmachen, da fällt ihr die Nachschrift ein, und sie ruft der Zauberfee hinterher. „Liebe Zauberfee, am Donnerstag haben wir eine Nachschrift, könntest du bitte morgen nachmittag wiederkommen. Ich würde gerne auch deine Tips zum Schreiben erfahren. Mit dir lerne ich viel lieber als mit Mama." Die Zauberfee verspricht es, und schwupp ist sie außer Sichtweite. Anna malt und ist sehr zufrieden mit sich.

Schreiben

Am nächsten Nachmittag hat Anna schon alles vorbereitet, sitzt vor ihren Lernwörtern und wartet ganz gespannt auf die Zauberfee. Da kommt sie schon und ruft auch gleich: „So, heute also ein paar Lernwörter. Das schaffen wir auch noch", meint die Zauberfee. „Wahrscheinlich weißt du schon, was ich dich als erstes fragen werde." „Genau weiß ich es natürlich nicht, aber so wie ich dich kenne, fragst du, wie ich weiß, wie die Wörter geschrieben werden", rät Anna. „Ja, bingo, du hast super aufgepaßt und lernst sehr schnell." Die Zauberfee ist ganz begeistert.

„Also ich spreche das Wort, das ich schreiben will, vor mich hin und schreibe es dann so, wie ich es mir sage. Aber ich mache oft ganz schön viele Fehler, und dann habe ich keine Lust mehr. Vielleicht habt ihr da ja einen guten Tip, wie ich Fehler vermeiden kann. Neulich habe ich mir überlegt, daß mir Schreiben mehr Spaß machen würde, wenn ich besser wäre. Dann würde Herr Hofmann auch nicht immer so streng schauen, und Mama würde nicht so viel schimpfen. Das wäre schön", träumt Anna vor sich hin.

„Ja, ja das dachte ich mir schon, daß du dir die Wörter vorsagst und sie so schreibst, wie sie klingen. Doch das ist eine Art, wie du dir viele Fehler einhandeln kannst. Denn viele Wörter werden nicht so geschrieben, wie sie gesprochen werden. Wir im Forschungszentrum schauen gern von Leuten ab, die Dinge gut machen. Wir beobachten sie ganz genau und fragen sie vielleicht auch, wie sie die Dinge machen. Dann machen wir sie möglichst genau nach, wenn das für uns paßt, und prüfen, was sich dadurch für uns verändert. Beim Schreiben ist das ganz auffällig. Wir haben immer wieder festgestellt, daß die Leute am besten rechtschreiben, die sich merken, wie die Wörter geschrieben **aussehen**."

„Wie machen sie denn das? Wie merken sich die Leute, wie die Wörter geschrieben aussehen?" fragt Anna neugierig. Sie will auch nach dem Sehen schreiben. „Manche lesen sich die Wörter nur immer wieder durch und merken sich so, wie sie geschrieben werden; viele legen sich aber auch eine äußere Schatztruhe an. Da hinein legen sie dann kleine Schatzkärtchen, auf die sie die Wörter geschrieben haben", berichtet die Zauberfee.

„Was, das ist ja wie ein Karteikasten; so ein altmodisches Ding, na darauf hab ich keine Lust", meckert Anna sehr entschieden. „Auch Karteikästen können so und so sein; ich habe da nämlich schon ganz tolle gesehen. Mal eine Frage: Wie müßte denn für dich ein Karteikasten aussehen, damit er modern ist und er dir gefällt? Wer sagt denn, daß das Ding ein Karteikasten ist?" erwidert die Zauberfee. Damit hat sie Anna den Wind aus den Segeln genommen. Anna ist eine ganze Weile still und überlegt...

„Ja, also auf jeden Fall müssen die Wörter auf buntes Papier geschrieben sein, vielleicht alle Zeitwörter auf blauem Papier, die Wiewörter auf rotem, die Namenwörter auf gelbem und der Rest auf grünem. Dann wäre da schon einmal ein bißchen Farbe mit im Spiel. Dann müßten die Wörter auch mit einem farbigen Stift geschrieben sein, und manchmal würde ich auch gerne etwas dazu malen, vielleicht das Wort auch malen, wenn das gut geht... Und die Kärtchen müßten in einer schönen Kiste sein, einer Kiste, die ich gerne mag, vielleicht eine mit Stickern drauf, jedenfalls bunt. Und das ganze Ding heißt für mich Schatzkästchen, denn im Diktat sind richtig geschriebene Wörter wie Schätze. Ja, das ist schon viel besser als so ein altmodischer ‚Karteikasten'. Auf dem bunten Papier würde ich mir auch große Mühe geben, die Wörter gaaanz schön zu schreiben. Und dann könnte ich mir jeden Tag einige Kärtchen vornehmen und mir die Wörter ganz genau anschauen, sie vielleicht sogar mit dem Finger nachschreiben und sie mir immer wieder anschauen, damit ich sie möglichst oft sehe. Ich könnte natürlich auch Mama oder Papa fragen, ob ich mir auf dem Computer jede Woche eine Datei mit meinen Lernwörtern anlegen darf, dann habe ich sie superschön geschrieben und kann sie mir auch mehrmals ausdrucken lassen. Vielleicht kann ich sie sogar bunt ausdrucken! Und ich kann die Schriften verändern, kann ganz große Buchstaben auswählen und manchmal ganz kleine... Ich kann auch ein Memory herstellen, alle Wörter zweimal ausdrucken und dann zum Wörtermemory einladen. Ich bin sicher, Benedikt spielt gerne mit, und vielleicht Lisa und Sebastian ja auch. Dabei schreibe ich die Wörter noch einmal auf dem

Computer und sehe sie wieder." „Das sind spitze Ideen, die du da hast", schwärmt die Zauberfee.

Anna probiert das alles in Gedanken aus, ist sehr zufrieden mit ihrem bunten Papier in verschieden Farben, entscheidet sich auf dem Computer für eine sehr klare Schrift und relativ große, blaue Buchstaben. So wie sie es sich vorstellt, macht es ihr allein schon Spaß, die Schatzkärtchen herzustellen. Auch die handgeschriebenen Kärtchen gefallen ihr gut. Sie spielt in Gedanken auch mit Benedikt schon einmal eine Runde Wörtermemory und freut sich schon auf ihr erstes richtiges Spiel...

Doch sie hat noch andere Ideen. Manchmal hat sie einfach keine Zeit, diese Kärtchen zu machen. Dann schreibt sie die Wörter auf jeden Fall mit ihrer Schreibhand in die andere Hand und auf ihren Unterarm. Sie schreibt die Wörter aber auch in die Luft. Sie schreibt die Wörter mit beiden Händen, schreibt sie mit dem Kopf in die Luft, mit dem ganzen Arm, mit dem Bein, mit den Zehen, mit dem ganzen Oberkörper und kommt so ganz schön außer Puste. Noch eine gute Idee hat sie: Sie schreibt die Wörter mit einem Phantasiestift, der in ganz vielen Farben gleichzeitig schreibt, auf den Rücken von Manuel, der vor ihr sitzt. Dann kann sie die Wörter von seinem Rücken einfach ablesen. Das nützt ihr in der nächsten Nachschrift sicher. Wenn sie die Wörter nur lesen will, stellt sie sich vor, sie stehen auf Straßenschildern, auf der Anzeigetafel im Bahnhof und in der U-Bahn, und sie sieht sie auf ihrem Gameboy... „Weißt du, liebe Zauberfee", seufzt Anna ganz verträumt, „die Wörter werden mir gute Bekannte."

„Das ist prima", antwortet die Zauberfee. „Ich will dir auch noch einen Tip verraten, wie du selbst überprüfen kannst, ob du die Wörter auch wirklich abliest. Ganz einfach: buchstabiere sie rückwärts. Wenn du sie abliest, ist das kein Problem; es braucht nur ein bißchen Übung. Ich mach es dir mal vor. Ich nehme einfach mal das Wort Wiese: also schreibe ich erst einmal in Gedanken W-i-e-s-e und lese es in Gedanken ab. Wenn ich es jetzt rückwärts buchstabiere, dann versuche ich nicht, es zu lesen, sondern schaue nur auf die einzelnen Buchstaben. Sonst kommen so viele Zungenbrecher heraus. Bei Wiese buchstabiere ich also: e-s-e-i-W. Probier's doch gleich mal", ermuntert die Zauberfee Anna.

Anna buchstabiert rückwärts, zuerst langsam, dann immer sicherer. „Hui, jetzt muß ich aber aufpassen, daß ich die Wörter noch vorwärts hinschreibe", meint sie. „Das glaube ich bestimmt, denn sonst würde dir ja auffallen, daß sie komisch aussehen, oder nicht?" fragt die Zauberfee. Anna nickt.

Die Zauberfee ist mit ihrer Arbeit zufrieden. „Uff, jetzt bin ich fertig mit dem Lernen. Heute ist die Zeit schnell vergangen, und ich bin recht zufrieden mit mir. Du hast wirklich gute Tips, liebe Zauberfee", bedankt sich Anna. „Das freut mich, wenn sie dir nützen. Also wir in Schlaudorf sind immer auf der Suche nach neuen Lerntips, denn wir lernen ja auch immer dazu und wollen es uns gern leicht und angenehm machen. So, liebe Anna, jetzt mache ich mich mal wieder auf den Heimweg. Dir wünsche ich viel Spaß bei dem, was du dir ausgesucht hast. Malst du wieder oder hast du etwas anderes vor? Auf jeden Fall noch viel Vergnügen und tschüs bis zum nächsten Mal." Und weg war sie.

Fazit:

In alles Sinneskanälen gibt es Feinheiten. Sie können sich diese Feinheiten zunutze machen, um sich das Lernen erfreulich zu gestalten. Das schafft eine positive Lernatmosphäre und erleichtert so das Lernen. Leitfrage dabei ist: Wie müßte sich... verändern, damit er/sie/es dir angenehm erscheint, damit du dich wohl fühlst?

Kapitel 7

Effektive Prüfungsvorbereitung

– Anna, die Zauberfee und eine Nachschrift –

So war es schon öfter gewesen. Robert hatte sich gründlich auf seine Klassenarbeit vorbereitet. Drei Nachmittage vorher hatte er sich den Stoff immer wieder durchgelesen, seine Eltern hatten ihn abgefragt. Am Abend vorher hatte er alles gekonnt, auch am Morgen noch. Doch auf dem Schulweg geriet er in Panik. Während der Arbeit hatte er hauptsächlich mit seiner Aufregung zu kämpfen, wurde konfus und konnte sein Wissen nicht anbringen. Anschließend war er frustriert, denn dafür hatte er nicht gelernt. Das Schlimme war, so war eine Prüfung für ihn nicht nur einmal verlaufen. Er hatte es wieder und wieder erlebt, was die Situation noch verschärfte. Er war bereits von den Noten her in Bedrängnis, konnte sich keine weitere schlechte Note mehr „erlauben". Schlimmer und nachhaltiger war, daß es sein Selbstvertrauen verlor, was Lernen und Prüfungen anging. Das führte dazu, daß er überhaupt keinen Sinn mehr in seinem Lernen sah, „weil es ja doch nichts bringt". Er verlor die Freude an diesem Fach und war oft auch in den Schulstunden und bei den Hausaufgaben blockiert und geriet so immer mehr in einen Teufelskreis. Schade.
Was war passiert?

Inhaltliche Vorbereitung und Vorbereitung des Zustands

Was Robert erlebt, kommt im Schulalltag häufig vor. Ein Kind ist inhaltlich gut vorbereitet, beherrscht den Prüfungsstoff. Doch im entscheidenden Moment kann es ihn nicht wiedergeben, denn sein innerer Zustand macht ihm einen Strich durch die Rechnung. Es scheint daher sinnvoll, zwischen der inhaltlichen Vorbereitung und der Vorbereitung des Zustandes zu unterscheiden und sie nicht gleichzusetzen. Denn wenn ich etwas gut kann, muß das noch lange nicht heißen, daß ich es in jeder Situation gut kann. Robert aus dem Beispiel von oben erlebt die Prüfungssituation als Streß. In solchen Momenten bereitet sich der Körper instinktmäßig auf Flucht oder Kampf vor. Ob Robert am liebsten davonlaufen oder sich mit dem Lehrer prügeln würde, spielt dabei keine Rolle. Für das Gehirn sind die Auswirkungen die gleichen. Es wird in diesen Situationen schlechter mit Blut und Energie versorgt, denn Vorrang haben in diesem Moment die Muskeln. Wenn ein Säbelzahntiger hinter Robert her wäre, wäre es durchaus praktisch, sehr sehr schnell rennen zu können. In Prüfungen der heutigen Art in Schulen hingegen ist es nützlicher, wenn das Gehirn möglichst kreativ und gut arbeitet. Dafür muß Robert zum einen „gehirngerecht" gelernt haben, zum anderen hilft ihm ein guter Prüfungszustand.

Zunächst einige Anregungen für die inhaltliche Vorbereitung.

Inhaltliche Vorbereitung

Das geschieht, wenn das Wissen möglichst breit und vielfältig verankert ist. Durch das Lernen mit allen Sinnen wird Wissen vielfältig verankert. Denn es gibt dann nicht nur beispielsweise einen visuellen Eindruck vom Wald, sondern auch Informationen von den anderen Sinnesorganen. Und jeder einzelne Sinneseindruck kann genutzt werden, um den Gesamteindruck wieder hervorzurufen. Um beim Thema Pilze vom letzten Kapitel zu bleiben: wenn ich nicht nur von einem Bild her weiß, wie ein Pilz heißt, sondern ihn auch noch genau betrachtet, vielleicht angefaßt und eventuell sogar auch probiert bzw. gegessen habe, dann kann mir jede einzelne dieser Informationen helfen, wieder Zugriff auf alle Informationen im Zusammenhang mit diesem Pilz bzw. mit Pilzen im allgemeinen zu haben. Genauso wird gegebenenfalls auch Streß bzw. eben auch ein gutes Gefühl mit dem Stoff mitgelernt, was dann auch wieder mit auftritt, wenn das Wissen abgerufen wird. Dies ist ein weiterer Grund dafür, daß Lernen in möglichst gelöster, produktiver Atmosphäre stattfinden und Spaß machen soll.

Diesem Zweck der vielfältigen Verankerung dient auch der Praxistip im Zusammenhang mit dem Prüfungsstoff. Wenn ein Kind den Stoff so lernt, daß es ihn „aufsagen" bzw. wiedergeben kann, ihn vielleicht nur rasch in der Pause vorher einmal angeschaut hat, dann mag das für das kurzfristige Lernen reichen. Soll jedoch ein Lernstoff dauerhaft eingeprägt werden, ist eine solide Verankerung unumgänglich. Wir alle kennen es wahrscheinlich aus eigener Erfahrung: was schnell gelernt wird, ist auch rasch wieder vergessen. Womit wir uns länger und intensiver beschäftigen, das bleibt auch besser im Gedächtnis.

Praktisch läßt sich diese Erkenntnis umsetzen, wenn der Lernstoff möglichst vielfältig erlebt wird. Einerseits wie gesagt über die verschiedenen Sinne. Eine andere Möglichkeit des Vielfalt ergibt sich, wenn der Lernstoff aus möglichst vielen Perspektiven heraus betrachtet wird. Konkret heißt das, den Stoff nicht nur aus der Perspektive des Schülers für die nächste Arbeit zu lernen, sondern auszuprobieren, wie der Lernstoff noch dargestellt werden könnte, wer noch mit dem Lernstoff zu tun hat, was das Wichtigste daran ist, wie er am besten wiedergegeben werden könnte etc. Diese verschiedenen Perspektiven lassen sich erleben, wenn man in verschiedene Rollen schlüpft und den Stoff jeweils aus der jeweiligen Rolle heraus präsentiert. Rollen könnten z.B. sein: die des Reporters, eines Tierforschers, eines Tierpflegers, einer Sekretärin, einer Lehrerin etc.

Die Chance, daß sich Ihr Kind den Stoff so wirklich „aneignet", erhöht sich damit enorm. In der Regel macht diese Art des Lernens, das überhaupt nicht mehr mit der immer noch weit verbreiteten Paukerei in Verbindung gebracht wird, auch wesentlich mehr Spaß. Denn es geht hier nicht mehr darum, den Stoff irgendwie in sich reinzustopfen. Angeregt wird statt dessen der eigene kreative Umgang mit dem Lerninhalt. Sie können Ihr Kind also anregen, den Lernstoff aus möglichst vielen verschiedenen Perspektiven zu erleben.

Es könnte sich vorstellen,

- ein Reporter zu sein und eine Nachrichtensendung über den Lernstoff zu gestalten;
- den Lernstoff in der Fernsehsendung „Dingsda" zu erklären;
- den Lernstoff als ein Computerspiel zu entwerfen;
- den Lernstoff in Scrabble zu erklären;
- als Lehrer eine Prüfung oder ein Arbeitsblatt zu entwerfen;
- den Lernstoff für ein Kinderlexikon aufzubereiten;
- den Lernstoff so zu verschlüsseln, daß ihn nur Eingeweihte eines Geheimclubs verstehen;
- den Lernstoff einer Brieffreundin oder einem Brieffreund zu erklären.

Auch hier sind Ihrer Phantasie bzw. der Vorstellungskraft Ihres Kindes wieder keine Grenzen gesetzt. Erlaubt ist wieder, was am besten wirkt.

Soviel also zur inhaltlichen Vorbereitung, auf die sich Lernen bzw. Prüfungsvorbereitung heute leider noch oft beschränkt.

Vorbereitung auf einen guten Prüfungszustand

In vielen Bereichen, in denen Leistung gefragt ist, allen voran im Profisport, wäre ein solches Vorgehen heute undenkbar und hoffnungslos überholt. Dort ist es längst gang und gäbe, natürlich auf eine gute körperliche und eben auch auf eine gute emotionale Verfassung gezielt hinzuarbeiten und diesen Bereich nicht dem Zufall zu überlassen. Damit die Sportler von seiten ihrer „Stimmungen" möglichst keine ‚Sperrfeuer' zu erwarten haben, die die übrige Vorbereitung zunichte machen oder zumindest beeinträchtigen könnten.

Dabei ist eine gründliche Vorbereitung des Lernstoffes, um wieder auf das Thema Schule zurückzukommen, natürlich der erste Schritt für eine gute innere Verfassung in der Prüfung. Je besser der Stoff sitzt, desto eher wird auch der andere Aspekt entlastet. Das heißt, je besser der Stoff verankert ist, desto leichter kann das Kind mit Streß umgehen. Selbstverständlich gibt es auch Kinder, die sich nicht vorbereiten und in Prüfungen gelassen sind, doch sie sind wohl eher die Ausnahme als die Regel.

Vorbereitung des Zustandes war genau, was Robert aus dem Beispiel oben fehlte. Er hatte zwar das inhaltliche Wissen, war aber in der Prüfung so nervös, daß er es nicht anwenden konnte. Die Vorbereitung des Zustandes dient dazu, solche Nervosität, Aufregung, Angstzustände oder gar Panikattacken gar nicht erst aufkommen zu lassen bzw. eine ganze Palette von Möglichkeiten zu haben, wie Ihr Kind ihnen begegnen kann. Denn nur in einem guten Zustand können gute Leistungen vollbracht werden. Vielleicht kennen Sie folgende Prüfungsanekdote, ein wunderbares Beispiel für eine Reaktion in Balance: Der Prüfling hat Biologieprüfung. Er hat sich auf den Elefanten vorbereitet. Der Prüfer befragt ihn über die Ameise. Er antwortet: „Die Ameise ist ein Tier wie der Elefant. Der Elefant..." und er berichtet ungerührt über das, was er gelernt hat.

Nun stellt sich also die Frage, wie sich Ihr Kind denn auf den Prüfungszustand vorbereiten kann.

Der erste Schritt besteht darin, so zu lernen, daß Lernen Spaß macht. Bereits beim Lernen ist auf eine gute Atmosphäre und eine gute Verfassung achten. Wenn der Lernstoff bereits mit angenehmen Assoziationen verknüpft ist, ist von vornherein kein Streß damit verbunden, der später wieder stören könnte und abgebaut sein will. Tips dazu kennen Sie bereits aus den vorangegangenen Kapiteln. Sie sollen hier nicht noch einmal erwähnt werden. Hier ist nun ein Verfahren vorgestellt, mit dem Sie mit Ihrem Kind „die Prüfung proben" können.

„Die Prüfung proben"

Wenn Ihr Kind den Lernstoff schon beherrscht, kann es mehr vom folgenden Praxistip profitieren.

1. Ihr Kind soll sich in den Balance-Zustand bringen, z. B. durch einen Anker.
2. Ihr Kind soll sich vorstellen, es ist bereits der Nachmittag des Prüfungstages, d. h. die Prüfung ist vorüber und gut gelaufen. (Das Ergebnis in Form einer Note oder Beurteilung ist natürlich noch nicht heraus, doch das ist ja ohnehin nicht direkt beeinflußbar.)
3. Ihr Kind soll nun in seiner Vorstellung auf den vorherigen Nachmittag, also den Nachmittag vor der Prüfung und auf den vergangenen Vormittag, also die Prüfungszeit selbst **zurückblicken** und Ihnen dabei folgende Fragen beantworten. **Entscheidend dabei ist, daß es diese Fragen im Balance-Zustand erlebt und aus dem Balance-Zustand heraus beantwortet.** Auf diese Weise wird der innere Zustand mit dem äußeren Ereignis verknüpft. Die Wahrscheinlichkeit, daß Ihr Kind dann während der Prüfung in Balance ist, erhöht sich so beträchtlich.

- Wie hast du es gemacht, am Nachmittag/an den Nachmittagen vorher in guter Stimmung zu lernen?
- Wann, um welche Uhrzeit hast du hauptsächlich gelernt?
- Hast du nur gestern gelernt oder dich schon einige Zeit länger mit dem Stoff beschäftigt?
- Wie war dein Gefühl über deine Vorbereitung? Hattest du den Eindruck, du hast dich genügend vorbereitet?
- Wie war dein Abend vor der Prüfung?
- Woran hast du vor dem Einschlafen als letztes gedacht?
- Wie hast du nachts geschlafen?
- Welche Kleidung hattest du heute vormittag an? (siehe unten)

- Hast du dir den Stoff morgens entweder zu Hause oder in der Schule noch einmal angeschaut?
- Mit wem warst du auf dem Schulweg zusammen?
- Worüber habt ihr gesprochen?
- Wie ging es dir auf dem Schulweg?
- Was hast du in der Schule vor dem Unterricht gemacht?
- Wie ging es dir in den Stunden vor der Probe bzw. in der Zeit vor der Probe?
- Wie gut ist es dir gelungen, in Balance zu sein?
- Wie hast du es gemacht, in Balance zu sein?
- Wie hast du dich daran erinnert, daß du dich auf den Stoff und auf den Zustand vorbereitet hast?
- Woran hast du gemerkt, daß du in deinem guten Zustand warst?
- Gab es eine Zeit, in der du nervös warst?
- Was hast du da gemacht?
- Gab es eine Situation während der Prüfung, in der du etwas nicht wußtest?
- Was hast du da gemacht?
- Hattest du genug Zeit?
- Wie hast du (beim Diktat etc.) die Stimme deines Lehrers/deiner Lehrerin wahrgenommen?
- Wie schnell kam dir vor, hat Sie gesprochen?
- In welchen Farben hast du deine geschriebenen Buchstaben wahrgenommen?
- Wie groß kamen sie dir vor?
- Wie weit waren sie von dir entfernt?
- Hast du dir hinterher deine Arbeit noch einmal durchgelesen?
- Was wolltest du für dich persönlich in der Probe erreichen? (siehe unten)
- Wie hat es sich ausgewirkt, daß du bei deinem Lernen des Inhalts in eine andere Rolle geschlüpft bist?
- Wie hat es sich ausgewirkt, daß du dich auf den Zustand vorbereitet hast?
- Mit welchem Gefühl hast du das Heft/das Blatt abgegeben?
- Hast du dich nach der Arbeit mit deinem Nachbarn/deiner

Nachbarin über die Prüfung unterhalten oder habt ihr gleich das Thema gewechselt?

- Was würdest du bei deiner nächsten Vorbereitung wieder so machen?
- Würdest du bei deiner nächsten Prüfung etwas ändern; z. B. einen Bereich mehr betonen und einen weniger gründlich machen?

Zu den beiden Anmerkungen von oben: Die Frage nach der Kleidung dient natürlich auch wieder dem Balance-Zustand. Je lieber ein Kind seine Kleidung von diesem Tag mag, desto wohler wird es sich fühlen.

Natürlich interessiert an einer Prüfung in erster Linie das Ergebnis, also die Note. Doch bei der Note spielen viele Faktoren zusammen, die von Ihrem Kind nicht alle zu beeinflussen sind. Es kann sich natürlich eine gute Note wünschen, doch eine gute Note kann kein Ziel sein (vgl. das Kapitel „Was soll ich denn tun? Ziele klären und erreichen"). Dennoch kann sich Ihr Kind natürlich Ziele im Zusammenhang mit Prüfungen setzen. Es kann sich z. B. vornehmen, sich während der Arbeit fünf Mal zurückzulehnen, um Abstand zu gewinnen; sich einen gemalten Anker auf den Tisch oder in sein Federmäppchen zu legen und den Anker mehrmals anzuschauen; während der Prüfung mehrmals tief zu atmen etc. und so seinen Zustand zu beeinflussen.

Die obigen Fragen sind nur als Anregung für die Richtung gedacht, in die Sie fragen können. Generell gilt: Je detaillierter Sie fragen, desto besser für die Vorbereitung. Denn bei gründlichen Fragen erlebt Ihr Kind die Situation genauer und umso stärker wird der Balance-Zustand verankert (vgl. Lernen mit allen Sinnen). Es ist, als ob Sie durch die Fragen sozusagen schon eine Richtung vorgeben, in die sich die künftige Situation entwickeln kann.

Wichtig ist auch, daß Sie sehr sorgfältig formulieren. Durch die Wahl der Zeitformen geben Sie den Standpunkt vor, von dem aus Ihr Kind die Prüfung betrachtet. Dazu gleich ein Beispiel: Zu fragen: „Wie wirst du dich daran erinnern, daß du dich gründlich vorbereitet hast?" Die Zukunft („du wirst dich erinnern") suggeriert, daß Ihr Kind sich erst noch erinnern **wird.** Es **kann** sich also erinnern. Es ist aber auch möglich, daß es sich – aus welchen Gründen auch immer – nicht daran erinnert. Zu fragen: „Wie erinnerst du dich daran, daß du dich gründlich vorbereitet hast?" legt nahe, daß sich Ihr Kind gerade in der Prüfungssituation befindet. Auch hier ist möglich, daß es sich nicht erinnert. Wenn Sie also die Fragen in den Verbformen der Gegenwart oder der Zukunft stellen ("Wie wirst du dich erinnern...?" bzw. „Wie erinnerst du dich...?"), dann ist prinzipiell jede Möglichkeit offen. Wenn Sie hingegen Ihre Fragen „als Rückblick" stellen, dann geben Sie damit vor, daß Ihr Kind die Situation schon erlebt hat, nämlich im Balance-Zustand...

Ebenso ist der Unterschied zwischen folgenden Frageformen: „Hast du dich an deine Anker erinnert?" Damit bleibt die Antwort offen. Ihr Kind kann sich daran erinnern, aber auch nicht. Durch die Frage: „Wie hast du es gemacht, dich an deine Anker zu erinnern...?" geben Sie vor und erhöhen so die Wahrscheinlichkeit, **daß** es sich erinnert. Sie wollen sogar noch wissen, **wie** es das **gemacht hat;** d. h., Sie gehen davon aus, daß das so war und regen die Phantasie sogar noch an, sich Wege im voraus auszudenken, wie es sich erinnert.

Natürlich gilt auch für diese Form der Vorbereitung: Übung ist die Mutter des Lernens. Auch hier profitiert Ihr Kind immer mehr, je häufiger es sich so vorbereitet. Ideal wäre, wenn Sie mit ihm diese Art von Fragen einige Male durchgehen und es dann im Laufe der Zeit, je nach Alter natürlich, lernt, sich solche Fragen selbst zu stellen und „Prüfungen alleine zu proben". Doch das erfordert mindestens Übung und Abstand...

Bei Anna Anders verläuft die Prüfungsvorbereitung so:

Anna bereitet sich auf die Nachschrift vor

Am nächsten Nachmittag ist die Zauberfee voller Schwung wieder zur Stelle. „So", ruft sie unternehmungslustig, heute wollen wir uns mal deine Lernwörter vorknöpfen. Du willst ja schließlich in der Nachschrift gut abschneiden. Haha, mich juckt es schon richtig in den Fingern. Da hab ich nämlich einiges auf Lager... Doch bevor wir so richtig anfangen, würde ich dir gerne noch ein paar Fragen zu Proben und Noten allgemein stellen. Hast du Lust?" „Hmm", brummt Anna einsilbig. Sie ist nicht ganz so guter Laune wie die Zauberfee. Beim Gedanken an die Nachschrift ist ihr schon ein bißchen mulmig.

„Was bedeutet es denn für dich, in der Probe eine gute oder eine schlechte Note zu haben?" will die Zauberfee wissen. „Naja, bei der guten Note geht es mir insgesamt gut, bei der schlechten Note fühle ich mich nicht so toll. Machmal komme ich mir sogar blöd vor, daß die anderen das können und ich mich dumm anstelle", gesteht Anna.

Die Zauberfee ist nach wie vor gut drauf und fragt neugierig weiter: „Wie würdest du denn Noten am liebsten erleben?" Anna braucht ein Weilchen, um nachzudenken und antwortet dann: „Also, am liebsten wäre mir, wenn es mir immer gut ginge und mir die Noten ziemlich egal sein könnten, weil sie sowieso halbwegs passen... Wenn ich wüßte, daß meine Freunde mit mir spielen und keiner blöde Sprüche klopft und es auch zu Hause keinen Zoff und kein Theater gibt wegen der Noten. Das wäre schön. Oh... und daß ich auch wüßte, daß ich es das nächste Mal besser machen kann. Aber ich glaube, ich weiß gar nicht so genau, wie ich mich wirklich gut vorbereiten kann. Das ist auch so eine Sache."

„Keine Ursache, genau deshalb bin ich ja da. Das darf nämlich nicht sein, daß sich Kinder von Noten und der Schule den Tag verderben lassen. Da hab ich was dagegen. Und da arbeiten in Forschungszentrum ganz viele Leute dran, daß das allmählich aufhört. Das ist ja überhaupt kein Zustand!" schimpft die Zauberfee lautstark vor sich hin. „Also zu den Noten will ich dir ein bißchen was erzählen: Hast du dir schon einmal überlegt, daß eine Note von ganz vielem abhängt. So eine Note sagt nur darüber aus, wieviel du **an diesem Tag** im Vergleich zu deinen Mitschülern aufs Papier brachtest. Das Verkehrteste, was du tun kannst, ist, daraus zu schließen, ob du etwas kannst oder nicht. Genauso schlimm finde ich es – aber ich weiß, daß das leider viele Kinder verwechseln –, daß sie glauben, wenn sie bessere Noten hätten, wären sie bessere Menschen, hätten sie mehr Freunde oder hätten die anderen eine bessere Meinung von ihnen. Damit machen sie sich nur das Leben und auch das Lernen unnötig schwer.

Wenn ich zum Beispiel ein Wort falsch schreibe oder eine Aufgabe falsch rechne, dann hat das doch überhaupt nichts damit zu tun, was ich sonst noch alles kann und schon gar nichts damit, was ich überhaupt alles gut kann. Jeder Mensch ist doch viel mehr als ein paar geschriebene Wörter oder gerechnete Aufgaben. Außerdem vergessen die Leute, daß ihr ja erst dabei seid, schreiben oder rechnen zu lernen. Wenn ich erwachsen bin und ein Wort siebzehn Phantastillionen mal gesehen und geschrieben habe, dann weiß ich das natürlich, dann ist das auch ganz leicht für mich. Genauso bei anderen Tätigkeiten. Wenn z. B. ein Kind laufen lernt, dann fällt es immer wieder hin. Kein vernünftiger Mensch käme auf die Idee, das Kind dafür zu schimpfen. Im Gegenteil, die Eltern ermuntern das Kind. Kein Mensch würde sagen. ‚So, du bist hingefallen, bist du aber dumm.' Nein, die Eltern freuen sich über jeden gelungenen Schritt. Erinnere dich einmal daran, als du Inline-Skater fahren lerntest oder radeln oder schwimmen. Das geht auch nicht von jetzt bis sofort. Man macht es halt immer wieder und lernt es dabei immer besser.

Genauso sollte es in der Schule sein beim Lernen. Wenn ich etwas nicht richtig kann, dann kann das bedeuten, daß ich erst mal einen Sinn dahinter erkennen muß, warum ich das überhaupt lernen soll. Als nächstes brauche ich gute Erfahrungen, daß Lernen Spaß macht, denn wieso sollte ich es sonst oft oder gar gerne tun? Und ich brauche noch etwas, was ich dir später verrate. Uff, jetzt hab ich aber wieder einen Vortrag gehalten. Also lange Rede kurzer Sinn: Gib den Noten nicht so viel Bedeutung, sondern finde für dich heraus, wie du so eine Probe gut über die Bühne bringen kannst. Ich finde, das lohnt sich schon, denn du schreibst ja noch einige in deinem ganzen Schulleben. Und wenn da jede zum Horrorfilm wird, dann ist das ganz schön schrecklich, brrr, nicht auszudenken..."

Die Zauberfee runzelt die Stirn, weil sie nicht so genau weiß, ob sie Anna nicht plattgeredet hat. Aber die schaut sie neugierig an.

„Bevor du mit irgend einer Vorbereitung anfängst, könntest du, wenn du Lust hast, dir einmal überlegen und vielleicht auch aufmalen, was du jetzt gut kannst und was du erst lernen mußtest, was vielleicht am Anfang auch schwierig war. Und du kannst dich daran erinnern, wie das damals genau war. Und dann gibt es eigentlich keinen Grund mehr, warum du nicht auch richtig schreiben lernen solltest oder rechnen oder sonst etwas. Erinnere dich doch einmal und erzähl mir, wie das war, als du Inline-Skaten gelernt hast!"

„Naja, ich hab halt immer wieder zugeschaut und gesehen, wie die anderen das machen. Dann hab ich es auch mal probiert. Am Anfang war es ganz schön wackelig auf den Rollen, aber ich kam so allmählich rein und hab gemerkt, wie ich es machen muß."

„So, aber jetzt mal richtig ran an den Stoff!" die Zauberfee reibt sich die Handflächen. „Vielleicht kannst du dir ja denken, womit ich mal wieder anfange. Also wie machst du das denn bisher, für eine Prüfung zu lernen?"

„Stimmt, die Frage hätte ich mir denken können. Doch von selbst kam ich nicht drauf. Ist schon ganz gut, daß du sie stellst. Also, ich lese mir halt das Zeug immer wieder durch und sage es mir vor, und die Lernwörter schreibe ich meistens auch auf. Dabei hoffe ich, daß ich mir möglichst viel merken kann. Manchmal bitte ich Mama, mich abzufragen, ob ich alles kann, oder mit mir die Nachschrift zu üben. Das macht sie. Aber die ist oft so streng. Und dabei komme ich dann ganz durcheinander. Manchmal ist ihre Aufregung sogar das Allerschlimmste. Da glaub ich, die ist ganz durcheinander, und dann werde ich auch durcheinander. Wenn ich ihr nämlich sage, daß wir zum Beispiel am Donnerstag eine Nachschrift, eine Probe oder ein Diktat schreiben, dann liegt sie mir von dem Moment an in den Ohren. Sie drängelt in mich rein, daß ich üben muß und daß sie mir diktiert, damit ich nicht wieder eine schlechte Note habe. Sie ist ganz aufgeregt und steckt mich damit an. Lust hab ich dann sowieso keine mehr", klagt Anna. „Das nervt mich tierisch. Dann bin ich nicht gut drauf, weil ich weiß, daß ich lernen muß und daß es mit Mama und Papa dann wieder Streß geben kann und ich die ganze Woche viel lernen muß und womöglich nicht fernsehen darf oder nur ganz wenig. Mama ist dann auch irgendwie angespannt, dabei muß ich doch die Probe schreiben, und es ist schnurzpiep, ob sie sich aufregt oder nicht. Das ändert an meiner Probe sowieso nichts, macht es für mich höchstens schwerer, weil ich mit ihrer schlechten Laune auch noch irgendwie zurechtkommen muß. Das macht eine Probe ganz schön anstrengend, uff. Dir kann ich es ja wenigstens sagen, das finde ich klasse, du schimpfst nicht gleich los, sondern bist immer so cool und stellst echt spitze Fragen", schüttet Anna der Zauberfee ihr Herz aus.

„Hui, ja ja, da hat deine Mama also auch Streß mit Proben. Das ist ja ganz spannend. Kein Wunder, daß es für dich dann anstrengend wird. Hast du sie denn schon mal gefragt, wie sie die Schule so erlebt hat? Frag sie doch einfach in einem passenden Moment einmal danach. Frag vor allem, wie es ihr vor Proben ging. Vielleicht erfährst du da ja spannende Neuigkeiten für dich. Außerdem will ich noch mal ein Wort mit ihr reden. Laß das nur meine Sache sein", beruhigt sie die Zauberfee.

„Hast du dir überlegt, daß in so eine Probe ganz viele Dinge mit reinspielen. Da ist zum einen der Stoff. Freilich ist es notwendig, daß du weißt, wie die Wörter geschrieben werden. Das ist für mich die Vorbereitung auf den Inhalt. Das ist auch das, was so allgemein unter Lernen verstanden wird. Und natürlich je besser deine Vorbereitung, desto besser kannst du auch sein. Dafür ist es aber wichtig, daß du dich nicht nur auf den Stoff vorbereitest. Die Lernwörter sind nämlich nur die halbe Miete. Da kannst du deine Lernwörter noch so gut können, wenn du dann nämlich in der Prüfungssituation ein Brett vor dem Kopf und einen Flattermann hast, helfen dir deine schön gelernten Wörter auch nicht so viel weiter. Deshalb ist es wichtig, daß du auch deinen Zustand vorbereitest. Und dann muß man natürlich auch die Prüfung selbst üben."

Das leuchtet Anna ein. Denn einige Male schon hatte sie am Nachmittag vorher den Stoff gekonnt, in der Prüfung selbst aber konnte sie ihr Wissen nicht anbringen. Sie war wie blockiert. Das mit dem Zustand ist ihr aber nicht so ganz klar. Deshalb fragt sie nach.

Die Zauberfee aber vertröstet sie. „Laß uns erst mal den Inhalt anschauen. Dafür gibt es nämlich auch unendlich viele verschiedene Möglichkeiten. Und hier ist auch deine Phantasie wieder gefragt. Widmen wir uns erst dem Inhalt, also hier deinen Lernwörtern, und dann erkläre ich dir, was ich mit Zustand meine und wie du beides üben kannst. Einverstanden?" Anna ist zwar ungeduldig, denn sie kann sich nicht so recht vorstellen, was es beim Stoff Neues geben soll. Lernwörter sind schließlich Lernwörter, oder nicht? Aber sie zügelt ihre Neugier und nickt.

„Also du sagtest, wenn du dich vorbereitest, liest du dir das Zeug immer wieder durch?" fragt die Zauberfee zur Vorsicht noch einmal zurück. Anna nickt. „Wenn ich mir das vorstelle und ich mich in dich reinversetze", die Zauberfee schließt die Augen, damit sie es sich besser vorstellen kann, und fährt dann fort: „Also ich hätte da keine große Lust zu lernen. Du bist scheinbar die „Dumme", der Lehrer ist scheinbar „schlau", nee, das wäre mir zu einseitig. Hast du eigentlich schon mal die Seiten gewechselt? Hast du dir zum Beispiel schon einmal vorgestellt, du bist die Lehrerin und mußt dir für die lieben Schulkinder ein Diktat ausdenken oder eine Nachschrift schreiben oder auch Arbeitsblätter entwerfen?"

Nein, diese Gedanken hatte sich Anna noch nicht gemacht. „Hei, das ist ja wirklich mal was ganz anderes. Dann wird's auch spannender." Das kann sich Anna gut vorstellen. „Aber das ist noch längst nicht alles", erklärt die Zauberfee. Laß doch mal deiner Phantasie freien Lauf, wie du noch in ganz anderen Situationen dem Stoff begegnen könntest. Ich verrate dir noch eine Möglichkeit: Du könntest dir zum Beispiel vorstellen, eine Reporterin zu sein und für eine Zeitung einen Artikel zu schreiben, in dem die Wörter vorkommen."

Dann läßt Anna ihrer Phantasie freien Lauf, schließt auch die Augen und spricht mit langsamer Stimme: „Also dann könnte ich mir ja auch vorstellen, ich schreibe ein Buch, aus dem Kinder das Schreiben lernen... Ich könnte mir vorstellen, ich bin auf einer einsamen Insel und schicke eine Flaschenpost, und die Wörter ergeben einen Code... Ich erfinde ein Kreuzworträtsel, und bei der richtigen Lösung gibt es dreimal Hausaufgaben frei... Ich entwickle ein Computerspiel, mit dem die Kinder schreiben lernen. Ich bin eine Lehrerin für Lehrer. Die bringt Lehrern bei, wie sie Kindern das Schreiben beibringen... Ich schreibe ein Kinderlexikon... Ich bin eine Reporterin und berichte mit den Lernwörtern von einem ganz wichtigen Ereignis per Fax... Ich könnte die Wörter in Zaubertinte an meine Freundin schicken... Ich bin ein Popstar und gebe ein Zeitungsinterview mit den Lernwörtern... Ich bin erwachsen und cool, und die Wörter sind ganz leicht für mich, weil ich sie schon 1000mal geschrieben habe... Ich lerne mit einem kranken Freund, der sich das Bein gebrochen hat und übe mit ihm die Wörter... ich erkläre die Wörter im Fernsehen in Dingsda... Ich mache eine Reportage für die Sendung mit der Maus..." Anna öffnet wieder ihre Augen, schüttelt sich ein bißchen, um wieder ganz von ihrer Phantasie zurückzukommen. „Mehr fällt mir im Moment nicht ein."

„Na aber hallo, das ist ja wirklich schon eine ganze Menge. Weißt du auch, welche Idee dir am besten gefällt?" erwidert die Zauberfee. „Ich kann mich nicht so recht entscheiden, welche Möglichkeit mir jetzt am besten gefällt. Ob ich Herr Hofmann, hihi, nein also Frau Hofmann spielen soll, ach nein, ich schreibe lieber einen Bericht für die Zeitschrift Stafette." Anna nickt zufrieden. „So, und jetzt sei mal die große Reporterin und schreibe, vielleicht in einem Café, an einem Computer deinen Bericht", fordert die Zauberfee Anna auf.

„Stimmt, wenn ich mich in diese Rolle versetze, dann bin ich nicht mehr Anna, die für ihre Nachschrift irgend welche komischen Wörter lernt, sondern als Reporterin will ich schon richtig schreiben können, und dann lerne ich für mich, und ich kann mehr damit anfangen, denn die Zeitungen und Zeitschriften sind ja voller Lernwörter..." Wieder so ein neuer Gedanke, der Anna jetzt zum ersten Mal durch den Kopf schießt.

„Also wie war das gestern noch einmal mit dem richtigen Schreiben. Ich hab es schon wieder vergessen. Ich kann mich nur noch daran erinnern, daß ich dir ein paar Tips gegeben habe. Weißt du sie noch?" fragt die Fee. Anna durchschaut die Zauberfee natürlich, daß sie sie nur ausfragen will. Sie sagt ihr das auch und zählt dann ganz cool auf: „Das Wichtigste ist, daß man sich merkt, wie das Wort geschrieben aussieht. Wie das Wort gesprochen wird, ist nicht so wichtig fürs Schreiben. Ich hab mir die Wörter in Gedanken mit dunkelroter Farbe auf Manuels Rücken geschrieben. Der sitzt vor mir, da kann ich die Wörter dann Buchstabe für Buchstabe oder auch als ganze Wörter ablesen oder abschreiben. Wenn ein Wort irgendwie komisch aussieht, dann höre ich innen in meinem Kopf ein ganz lautes schreckliches Pfeifen. Dann weiß ich, daß ich noch einmal auf meinem Schatzkärtchen nachsehen muß. Die echte Schatztruhe steht zu Hause auf meinem Schreibtisch, und eine habe ich ja in meinem Kopf immer dabei."

„Wow" ist das einzige, was die Zauberfee sagen kann. Sie ist ganz beeindruckt. Anna schaut stolz im Zimmer umher und wird gleich fünf Zentimeter größer. Sie kann also auch diese Tips leicht lernen...

Anna bereitet ihren Zustand vor

„So, jetzt also zum Zustand", fährt die Zauberfee fort. Anna ist gespannt wie ein Flitzebogen. Darauf hatte sie schon die ganze Zeit gelauert. „Wenn du jetzt an deine Nachschrift denkst, was geht dir dabei durch den Kopf, und wie fühlst du dich dann? Beschreibe doch mal."

„Ich spüre hauptsächlich meine feuchten Hände, und ich schwitze auch ein bißchen und sage so vor mich hin: Hoffentlich geht diese Nachschrift nicht wieder daneben... Ja, das denke ich so.

„Nehmen wir einmal an, du kannst deine Wörter, weil du genug Berichte für die Stafette geschrieben hast, doch in der Prüfung selbst hast du dann so eine Art Brett vor dem Kopf hast und weißt doch nicht mehr so genau, wie die Wörter richtig geschrieben werden. Damit du also auch schön gelassen, so echt cool in der Probe bist, damit du all deine gelernten Wörter auch hinschreiben oder beim Abfragen auch die Fragen beantworten kannst, brauchst du auch den richtigen Zustand oder die richtige Stimmung, wie du vielleicht sagen würdest. Ich sag dir noch ein Beispiel aus dem Sport. Stell dir mal vor, jemand hat ein wichtiges Spiel vor sich, und er weiß zwar, wie er einen Tennisschläger halten muß, das ist für ihn der Stoff. Aber er ist zum Beispiel nicht ausgeschlafen, hat vorher noch ganz viel gegessen, so daß er sich ganz schwer fühlt und ihm das Essen noch im Magen liegt, und außerdem ist er fürchterlich aufgeregt und denkt nur daran, wie stark sein Gegner ist und wie oft er gegen den schon verloren hat. Deshalb hat er auch schon gar keine rechte Lust zum Tennisspielen, immer dieses ewige Hin- und Hergeballere... langweilig. Wie gut, glaubst du, spielt so ein Spieler an diesem Tag? Genau das meine ich mit Stimmung", erklärt die Zauberfee. „Hm, ja, das verstehe ich. Bisher konnte mir so eine Nachschrift meine Laune an diesem Vormittag schon ganz schön verderben, manchmal sogar die Tage davor auch schon...", gibt Anna zu.

„Eine geschickte Vorbereitung ist Gold wert", erklärt die Zauberfee. „Es ist wie im Sport. Die eigentliche Arbeit findet vorher statt, das Spiel oder der Wettkampf ist dann nur noch der kleinste Teil. Deshalb ist auch die Vorbereitung so entscheidend."

„Ist ja alles gut und schön, aber **wie** kann ich mich denn auf die Stimmung vorbereiten? Das weiß ich nicht so recht", erwidert Anna.

„Wichtig ist, daß du gleich in einem guten Zustand, äh, in guter Stimmung lernst. Denn wenn dein Gehirn den Stoff schon mit einer unangenehmen Stimmung verbindet, dann wird das Lernen unnötig schwer", erklärt die Zauberfee. „Deshalb ist es auch so wichtig, daß du nach allen Möglichkeiten suchst, dir das Lernen angenehm zu machen. Auf diese Weise bist du nämlich mit dem Stoff schon einmal in Balance. Und was wäre besser? Um dich auf einen guten Zustand vorzubereiten, ist ein Schritt, deinen Balance-Anker zu nutzen, wie du es auch bei den Hausaufgaben oder ganz allgemein machst. Es kann sein, daß das allein schon genügt. Probier es doch bitte gleich einmal aus."

Anna denkt an Inline-Skaten, stellt aber fest, daß damit die Schule noch weit weg ist. Und die hätte sie in dieser Situation schon ganz gerne etwas näher. Deshalb fragt die Zauberfee: „Was könnte dir denn die Schule näher bringen?" Anna überlegt eine Weile und antwortet: „Ich glaube, ich brauche noch einen kühlen Kopf, denn der ist in der Schule ganz wichtig, auch beim Lernen zu Hause. Ja, dafür mag ich einfach meine Stirn berühren. Wenn ich mir also vorstelle, mit meinen Inline-Skatern unterwegs zu sein und dabei einen kühlen Kopf zu haben, das wäre eine optimale Prüfungsstimmung." Anna ist ganz aufgeregt, so gut gefällt ihr diese Idee.

„Na wunderbar", stellt die Zauberfee zufrieden fest. Dann können wir ja zum nächsten und letzten Schritt der Vorbereitung kommen. Bisher haben wir gewissermaßen deine Sachen rausgelegt, die du für deine Reise in die Zukunft in den Koffer packen wirst. Jetzt kann die Reise in die Zukunft beginnen. Was glaubst du eigentlich, wie ist es, wenn du eine Prüfung probst?" fragt die Zauberfee." Wie soll denn das gehen?" fragt Anna mit gerunzelter Stirn zurück.

„Ganz einfach! Du nimmst die Nachschrift einfach in dieser guten Stimmung mit dem klaren Kopf in Gedanken vorweg. Du tust also so, als würdest du heute schon die Probe schreiben, noch besser. Du stellst dir vor, es ist morgen nachmittag und du **hast** die Nachschrift schon **geschrieben.** Das machen Sportler zum Beispiel auch. Laß uns doch gleich damit anfangen. OK?" Anna weiß noch nicht recht, was das werden soll. Sie weiß aber, daß sie Dinge selbst ausprobieren muß, um herauszufinden, ob sie funktionieren. Dazu ist sie jetzt auch bereit.

„Also schieß los. Ich wette, dafür stellst du mir wieder Fragen. Du könntest eigentlich Fragezeichen heißen..." Die Zauberfee lacht. Anna hat oft recht gute Ideen. „Na klar stelle ich dir wieder Fragen. Das mache ich schon deshalb, damit mein Spitzname gut zu mir paßt. Außerdem glaube ich, wäre es dir auch nicht recht, wenn ich sagen würde: ‚So und so mußt du es machen, das ist das einzig Richtige, was du willst, ist vollkommen schnuppe, ich bestimme, was gemacht wird und wie es gemacht wird. Ihh, bei dem Gedanken gruselt mich selber ganz, nein...

Also, los geht's. Aufgepaßt, hier ist schon die erste Frage. Ach, was mir noch einfällt: Der Unterschied zwischen meinen Fragen und vielen Fragen in der Schule ist, daß es auf meine Fragen keine falschen Antworten gibt. Wenn ich dich frage, wie dir Buchstaben am angenehmsten erscheinen oder was du dir für Prüfungen wünschst, dann ist praktisch jede Antwort richtig. Ich verlasse mich da ganz auf dich. Bisher hast du alles ganz ‚richtig' beantwortet, denn es hat dir geholfen. Und das ist alles, was für mich zählt. Wenn du gesagt hättest, daß du am besten einen kühlen Kopf bekommst, wenn du dir vorstellst, im Meer oder in einem See zu schnorcheln und die Wörter auf die Seiten der Fische geschrieben siehst, dann wäre das auch richtig gewesen, richtig für dich eben. Und genau darum geht es. Aber ich erzähl' schon wieder so viel. Also, jetzt faß ich mich aber an der eigenen Nase und frage dich endlich:

Stell dir doch einfach vor, es ist morgen nachmittag. Bleib einfach in der Stimmung, in der du jetzt bist, und sage, was dir als erstes in den Sinn kommst. Was hattest du denn morgens in der Schule an?"

Anna ist verdutzt: „Was soll denn das jetzt?" „Na ganz einfach, wie glaubst du wohl ist deine Stimmung, wenn du Kleider anziehen mußt, in denen dich vielleicht deine Oma am liebsten sieht, die du aber am liebsten in die hinterste Ecke deines Kleiderschrankes stopfen wolltest, weil du sie überhaupt nicht leiden kannst?" Ja, solche Kleider hat Anna. Sie weiß genau, wovon die Zauberfee spricht. Deshalb entscheidet sie sich sofort für ihre bequemste Jeans und die gelbe Bluse. Gelb ist schließlich ihre Lieblingsfarbe. „Wunderbar!"

Und wie hast du gestern nacht geschlafen? Hast du irgend etwas Bestimmtes geträumt?" „Ich habe gut geschlafen. Geträumt, nein, weiß ich nicht, was ich geträumt habe."

„In welcher Stimmung warst du denn heute morgen beim Aufwachen?" „Ach, ganz gut, es war so ein bißchen wie Abenteuer. Ich wollte ja schließlich die ganzen Sachen ausprobieren."

„Was hast du alles gemacht, bis du zur Schule gingst? Hast du dir die Wörter zum Beispiel noch einmal angeschaut? Haben deine Mama oder dein Papa über die Nachschrift gesprochen?" „Nein, ich hatte mit ihnen ausgemacht, daß sie gar nichts davon sagen. Ich habe mir die Wörter noch einmal auf Manuels Rücken vorgestellt und mir meine Inline-Skater und ein gelbes Z aufgemalt. Das fiel mir gerade noch ein. Das gelbe Z habe ich in mein Federmäppchen gelegt und dann auf meine Bank. Und vor dem gelben Z habe ich ein paar Inline-Skater gemalt. Das war gut."

„Wieso gelbes Z, das verstehe ich nicht. Magst du mir sagen, was es damit auf sich hat?" will die Zauberfee wissen.

„Klar, du bist doch die Zauberfee. Dein Name fängt mit Z an. Damit ich mich an dich erinnere, habe ich mir ein Z in meiner Lieblingsfarbe aufgemalt und davor die Inline-Skater, die gehören irgendwie dazu. Ja, und das hab ich erst in mein Federmäppchen gelegt und als ich in der Schule war, gleich auf meine Bank. So, daß ich es immer sehen konnte. Das war gut", erklärt Anna.

„Ah, jetzt verstehe ich", antwortet die Zauberfee.

„Gut, was ich gerne noch wissen will: Wie war dein Schulweg? Bist du alleine zur Schule gegangen oder mit Freunden? War irgend etwas anders als sonst?"

„Nein, ich bin mit Benedikt gegangen, und wir haben ganz wenig gesprochen. So machen wir das meistens vor irgendwelchen Arbeiten."

„In welcher Stimmung warst du auf dem Schulweg?" „Manchmal war ich ein bißchen nervös, und dann habe ich immer wieder an das Z, die Inline-Skater und den kühlen Kopf gedacht, dann war ich wieder ruhig. Jedenfalls war ich viel ruhiger als bevor ich dich kannte."

„In welcher Stunde habt ihr die Nachschrift geschrieben, waren erst noch andere Fächer dran oder kam sie als erstes?" „Die Nachschrift war gleich in der ersten Stunde dran."

„Wie erging es dir beim Schreiben? In welcher Stimmung warst du?" „Ich war schon ein bißchen aufgeregt, aber das war gut. Denn dann bin ich auch besser bei der Sache. Und ich hatte das Z vor mir liegen und sah die Wörter auf Manuels Rücken, das war gut."

„Wie bist du gesessen? Vorgeneigt oder zurückgelehnt?" „Vorgeneigt."

„Wie klang die Stimme von Herrn Hofmann?" „Die war nicht so laut wie sonst, und ich hatte das Gefühl, daß er langsamer spricht. Das war gut."

„Wie bist du mitgekommen?" „Gut, ich hatte auch Zeit, mir nach jedem Satz noch einmal rasch anzuschauen, was ich geschrieben hatte, und ich hab kein Pfeifen gehört."

„Welche Farbe hatten für dich die Buchstaben, die du hingeschrieben hast, wie groß waren sie, und wie weit erschienen sie dir weg?" „Also die waren blau, so wie der Füller blau schreibt, sie waren normal groß, und der Abstand war gut. Ich konnte die Buchstaben anschauen, die waren recht klein, und ich konnte sie gut lesen."

„Bist du gut mitgekommen?" „Ja, ich hatte am Ende sogar noch genug Zeit, um die ganze Arbeit am Ende noch einmal in Ruhe durchzulesen. Da hab ich ein paar Pfeiftöne gehört, die mir erst nicht aufgefallen sind, und ich hab auf Manuels Rücken nachgeschaut. Dann hab ich das Wort ausgebessert."

„Hast du die Nachschrift als Anna gelesen oder als jemand anders, zum Beispiel die Reporterin von Stafette?" „Nein, als Anna mit den Inline-Skatern."

„Wie war es für dich, als du dein Heft abgegeben hast?" „Ganz gut, ich war neugierig, wie es diesmal sein würde. Jedenfalls ging es mir während der ganzen Nachschrift recht gut, und ich war sehr zufrieden mit mir. Das war ganz neu für mich. So hatte ich Nachschriften bisher noch nicht erlebt."

„Hast du irgend welche Pläne, was du in den nächsten Proben genauso machen wirst und was du anders machen willst? Wie wirst du dich auf die nächsten Proben vorbereiten?" „Also ich will wieder aufpassen, daß mir das Lernen Spaß macht, und will mir schon beim einfachen Schreiben zu Hause vorstellen, wie ich die Sachen in der nächsten

Probe ganz cool hinschreiben kann. Und ich will wieder meine Stimmung vorbereiten und mir alles am Nachmittag vorher vorstellen. Was ich anders machen will, weiß ich noch nicht. Ich will auch mal warten, welche Note ich habe. Denn da bin ich schon gespannt." „Na klaro."

„Hast du auch irgend einen Tip für die Anna von gestern oder von heute früh vor der Prüfung?" „Sie soll sich nicht so viel Gedanken machen und vor allem nicht an frühere Nachschriften denken, sondern lieber an tolle Sachen!"

„Gibt es irgend etwas, worauf Anna besonders achten soll?" „Nein, eigentlich nicht. Naja, das Z soll sie sich so auf die Bank legen, daß sie es immer sehen kann. Dann bleibt sie in guter Stimmung."

„So, das war's. Danke fürs Mitmachen. Wie geht es dir jetzt, wenn du an die Nachschrift denkst?" fragt die Zauberfee. „Gut, das mach ich morgen halt. Ich hoffe, daß Mama auch ruhig ist, und jetzt hab ich keinen Bock mehr auf das ganze Zeug. Ich habe nämlich schon die ganze Zeit Lust zu trommeln. Diesmal nehme ich den roten und den großen silbernen Kochtopf..." Und schwupp ist Anna in die Küche davongesaust. Da zieht sich auch die Zauberfee zurück.

Fazit:

Für eine gute Prüfungsvorbereitung nützt zweierlei: die Vorbereitung auf den Inhalt und die Vorbereitung auf den Zustand.

Die Vorbereitung auf den Inhalt wird intensiver und abwechslungsreicher, wenn sich Ihr Kind in verschiedene Rollen hineinversetzt und so den Lernstoff aus unterschiedlichen Perspektiven erlebt.

Die Vorbereitung auf den Zustand ist die Vorwegnahme der Prüfung in Gedanken. Ziel ist, daß Ihr Kind die Prüfung im voraus in Balance erlebt und alle Tips mit einbezieht und anwendet. Durch geschicktes Fragen können Sie Ihr Kind dabei unterstützen.

Kapitel 8

In Prüfungen cool und gelassen bleiben – Wie es Anna bei der Nachschrift erging

In Prüfungen cool und gelassen bleiben – das gilt nicht nur für Kinder, sondern auch für Eltern! Dieses Kapitel unterscheidet sich von den bisherigen, weil die eigentliche Arbeit für die Prüfung ja schon gelaufen ist im Lernen und den Hausaufgaben jeden Tag und den Vorbereitungen auf Prüfungen in den Tagen oder dem Tag vorher. Am Prüfungstag selbst können Sie als Eltern ja wohl nichts mehr tun – oder vielleicht doch? Sie könnten sich zum Beispiel fragen, was Sie dazu beitragen können, daß Ihr Kind leicht in einen Balance-Zustand kommt.

Statt konkreter Tips, die Sie mit Ihrem Kind ausprobieren können, will dieses Kapitel Fragen stellen, die Sie sich in einem ruhigen Moment – vielleicht in der Zeit, während Ihr Kind die Prüfung schreibt – durch den Kopf gehen lassen können. Ebenso wie es in der Geschichte mit Anna Anders und bei Ihrem Kind z. B. bei den Feinheiten der Wahrnehmung oder bei der Stimmigkeit eines Ankers keine richtigen und falschen Antworten gibt, so gibt es auch bei diesen Fragen an Sie keine richtigen und falschen Antworten.

Vielmehr sollen Sie Anregungen bekommen, in vielleicht für Sie neue Richtungen zu denken. Im 4. Kapitel '"Ich fühle mich so hilflos!" – Auch Eltern waren einmal Schüler' haben Sie dazu ja bereits verschiedenen Möglichkeiten kennengelernt. Je mehr Sie sich über Ihre eigenen Wertvorstellungen, Erwartungen in bezug auf Schule im klaren sind, desto besser können Sie Ihre Ansichten von denen Ihres Kindes trennen. Und das entlastet beide Seiten: Eltern und Kinder.

Apropos klären – hier schon die erste Frage: Wenn Sie Ihrem Kind die Fragen stellen, die in den vorangegangenen Kapiteln angeführt sind – z.B. bei Farben oder Tätigkeiten, die als Anker dienen können –, lassen Sie dabei die Antworten Ihres Kindes gelten oder neigen Sie dazu, seine Antworten in eine Richtung zu „verbessern", die Ihnen vielleicht besser gefällt? Etwa: Sie fragen Ihr Kind: „Was wirst du morgen anziehen?" Ihr Kind antwortet: „Die grüne Hose und den roten Pullover." Und Sie fragen zurück: „Willst du nicht vielleicht doch lieber das lila Samtkleid oder die braune Hose anziehen?"

Hier weitere Fragen:

- Was bedeutet es für Sie, wenn Ihr Kind eine Prüfung schreibt?
- In welcher Stimmung, in welchem Zustand sind Sie, wenn Ihr Kind eine Prüfung schreibt?
- In welchem Zustand, in welcher Stimmung sind Sie, wenn Sie mit Ihrem Kind Hausaufgaben machen oder mit ihm lernen?
- Was bedeutet es für Sie, wenn Ihr Kind bessere Noten hat, als Sie sie als SchülerIn hatten?
- Was bedeutet es für Sie, wenn Ihr Kind schlechtere Noten hat, als Sie sie als SchülerIn hatten?
- Was waren Ihre Lieblingsfächer, und was erwarten Sie in diesen Fächern von Ihrem Kind?
- Welche Fächer mochten Sie nicht, und was erwarten Sie in diesen Fächern von Ihrem Kind?
- Was bedeutet es für Sie, wenn Ihr Kind einen anderen Schultyp besucht als der, den Sie selbst besuchten?
- Wenn Ihr Kind Noten aus der Schule mit nach Hause bringt:
- Bei welchen Noten sind/bleiben Sie in Balance, welche Noten „bringen Sie aus der Balance"? Als Anregung: Nehmen Sie eine Nachschrift, eine Rechenarbeit oder eine mündliche Note: Stellen Sie sich vor, Ihr Kind kommt mit einer 1, einer 2 usw. nach Hause. Nehmen Sie wahr, wie Sie auf die einzelnen Noten reagieren!
- Falls Ihr Kind mit einer schlechten Note nach Hause kommt: Wie können Sie Ihr Kind positiv motivieren?
- Wie können Sie positiv reagieren, um es zu unterstützen? Denn allzu selten helfen Fernsehverbote oder stundenlan-

ges Lernen am Nachmittag, die Noten zu verbessern und zu einer positiven Einstellung dem Lernen gegenüber. Wie also könnten Sie reagieren?

- Ab welcher Note wollen Sie so reagieren?
- Woran messen Sie die Leistungen Ihres Kindes? An Noten von Freunden/anderer Kinder, an Ihren eigenen Noten oder an den Noten, die Ihr Kind bisher hatte?
- Angenommen, Sie haben eine gute oder eine schlechte Note. Wie würden Sie von anderen jeweils gerne behandelt werden?

Spüren Sie selbst, wie Sie sich und Ihr Kind unterstützen können. Fragen Sie Ihr Kind danach und beherzigen Sie seine Wünsche, Vorschläge, erst einmal ohne sie zu „verbessern" oder zu „berichtigen".

Haben Sie Ihr Kind schon einmal gefragt, wie Sie sich verhalten können, um ihm einen Balance-Zustand zu erleichtern? Ist es ihm lieber, wenn Sie am Prüfungstag dieses Thema noch einmal ansprechen, eventuell den Stoff noch einmal abfragen? Oder kommt es besser damit zurecht, wenn es nichts mehr davon hört? Am genauesten können Sie das erfahren, wenn Sie sich vorher ganz allgemein in einer neutralen Situation, vielleicht im Auto auf dem Weg zum Einkaufen, einmal mit Ihrem Kind darüber unterhalten, wie es sich wünschen würde, daß Sie es vor der Prüfung unterstützen. Eventuell wünscht es sich nur eine Unterstützung für den Tag vor der Prüfung oder den Prüfungstag selbst, eventuell für einige Tage vorher, falls die Prüfung angekündigt ist. Fragen Sie einfach nach und nehmen Sie Ihr Kind ernst...!

Ansonsten gibt es nichts zu tun. Prüfungen anderer Menschen sind eine Herausforderung an unser Vertrauen, das Vertrauen in uns selbst als Eltern und das Vertrauen in die Kinder als eigenständige junge Menschen, die ihren Weg gehen werden. Je eher Kinder lernen, mit dem Vertrauen umzugehen, desto selbstverständlicher und leichter entwickeln auch sie Vertrauen zu sich und verhalten sich entsprechend.

Wie es Anna bei Ihrer Nachschrift erging

Am Nachmittag steht die Zauberfee wieder am Fenster und winkt Anna zu. „Ich war so neugierig, da mußte ich einfach kommen. Hast du Lust, mir zu erzählen, wie heute deine Nachschrift gelaufen ist?" fragt die Zauberfee. „Und wie", Anna hatte schon auf den Besuch gelauert. Ganz spannend war es, und das will sie doch gern erzählen. Diesmal ist sie ganz großzügig und sagt zur Zauberfee: „Wahrscheinlich willst du wieder viel fragen. Aber da hab ich keine Lust drauf. Ich will erzählen, und du kannst ein bißchen fragen. Bist du damit einverstanden?" Die Zauberfee hält sich gleich an die Abmachung und nickt nur.

„Also", fängt Anna an, „da war schon eine ganze Menge anders als sonst. Es ging schon damit los, daß ich gestern abend noch eine Kassette gehört habe, und die Nachschrift war ganz weit weg und klein. Sonst sah ich oft das Heft ganz riesig vor mir. Aber gestern abend war es weg, gaaaanz weit links irgendwo hinten unten, fast unsichtbar. Und die Kassette war schön. Und ich habe sehr gut geschlafen. Heute morgen hab ich dann gleich die gelbe Bluse und die bequeme Jeans angezogen und auch die Strümpfe, die ich gerne mag. Ja und stell dir vor, Mama war auch ganz anders. Die hat gar nicht mehr in mich reingenörgelt. Sie hat sich an unsere Abmachung gehalten und nichts gesagt. Sie hat mir nur als ich ging viel Erfolg gewünscht. Das hat mich sehr erleichtert. Papa hat mir einen schönen Tag gewünscht und alles Gute für die Nachschrift.

Auf dem Schulweg ist mir noch einmal durch den Kopf gegangen, was du mir so alles über Noten erzählt hast. Benedikt sagte auch ganz wenig. Aber das ist nicht so besonders. Vorher war eine Note für mich immer so was ganz Wichtiges. Aber da sah ich einfach eine ganze Reihe von Noten in allen Nachschriften. Ich hatte so ein Bild, da waren die Noten, rot und schon noch groß, aber die standen auf einem weißen Papier, das ja ich vollgeschrieben hatte mit Wörtern in blauer Tinte. Und für das Schreiben habe ich ja viele Tips... Und so eine Note kommt nicht aus heiterem Himmel, sondern da kann ich viel dazutun. Und am besten kann ich das in einem guten Zustand. All solche Sachen gingen mir durch den Kopf, ganz neu, seltsam, nicht wahr?" Anna ist immer noch überrascht und schaut die Zauberfee fragend an. Die lächelt nur und nickt Anna aufmunternd zu. „Ja und das Tollste war. Ich **wußte** einfach, daß ich schreiben kann und daß ich die Wörter gelernt habe, und was soll Herr Hofmann schon anderes diktieren. Jedenfalls war ich recht ruhig.

In der Schule war es dann in der ersten Stunde gleich soweit. Mama hatte mir eine kleine Flasche Hausifix mitgegeben. Da hab ich erst mal einen großen Schluck genommen. Ich dachte, das schadet bestimmt nicht. Dann hab ich mein gelbes Z mit den Inline-Skatern aus dem Federmäppchen ausgepackt und vor mich auf die Bank gelegt, mich zurückgelehnt, ein paar Mal ganz tief geatmet. Dann hab ich probehalber noch einmal Manuels Rücken angeschaut, und da standen die Wörter dann alle gut lesbar. Dann ging es los. Als ich das Heft aufschlug, war ich schon ein bißchen nervös, aber ich war auch eindeutig in meiner guten Stimmung, die Wörter auf Manuels Rücken waren alle immer noch gut lesbar, und Herr Hofmann diktierte recht langsam. Ich verstand ihn gut und kam gut mit. Ich hatte dann Zeit, alles anzuschauen, und die Wörter schienen mir richtig. Jedenfalls habe ich kein Pfeifen gehört. Bei zwei Wörtern war ich mir aber nicht so sicher, ob die wirklich stimmten. Die hab ich mir dann noch einmal auf Manuels Rücken angeschaut. Ich habe sie so gesehen und dann noch eine andere Möglichkeit mir vorgestellt, und da war es ganz klar. Dann hab ich mich für die richtige entschieden. Glaube ich jedenfalls. Aber ich habe ein recht gutes Gefühl dabei. Die Wörter erschienen mir auch alle klein. Keines davon wurde übermächtig. Die waren so, wie ich sie haben wollte. Einmal wollte mich eines anspringen, doch das habe ich dann sofort wieder zurückgeschoben, damit der Abstand wieder paßte. Aber ich war vorsichtig. Vielleicht wollte das Wort ja, daß ich es noch einmal überprüfte. Das habe ich dann auch gemacht. Aber auf Manuels Rücken sah es genauso aus. Da habe ich es gelassen. So ein vorwitziges Wort. Und am Schluß habe ich mir alles noch einmal durchgelesen und fand alles recht O.K. Dann haben wir abgegeben. So, jetzt bin ich dann schon gespannt, was ich für eine Note habe. Aber da muß ich eben warten, bis Herr Hofmann die Nachschriften korrigiert hat." Anna lehnt sich zurück und atmet tief und laut aus. „So, das war's von meiner Seite."

Die Zauberfee nickt anerkennend und sagt dann: „He, das klingt ja echt gut. Ich bin auch gespannt, wie du die Tips umgesetzt hast. Aber was ich da so raushöre, klingt das doch recht vielversprechend." „Du, äh, Anna, wie das so meine Art ist...", setzt die Zauberfee noch einmal vorsichtig an, „hast du mal wieder eine Frage", fällt Anna der Zauberfee ins Wort. „Ja genau, richtig geraten!" Da lachen beide. „So wie du erzählst, war ja heute so manches anders für dich im Vergleich zu vorher." „Na allerdings", antwortet Anna.

„Was war denn die wichtigste Veränderung?" will die Zauberfee wissen. „Hm, schwer zu sagen, nein, doch, ganz leicht: daß ich in guter Stimmung war. Und weißt du, was ich noch ausprobiert habe? Ich bin nämlich mit den Füßen ein bißchen am Boden hin- und hergerutscht, so als würde ich die Rollen von meinen Inline-Skatern ausprobieren und so ein bißchen auf der Stelle fahren. Das hat meine Stimmung gleich noch einmal enorm verbessert. Das will ich auf jeden Fall wieder machen. Wenn es in der Schule mal wieder schwierig wird, dann rolle ich ganz einfach etwas hin und her..."

Die Zauberfee ist wieder ganz hingerissen. „Tja, jetzt fällt mir überhaupt nichts mehr ein, du machst alles schon selber, ich brauche dir gar keine Fragen mehr zu stellen. Die beantwortest du schon, bevor ich sie dir überhaupt gestellt habe. Das mag ich am liebsten. Wenn du noch irgend etwas willst oder brauchst, dann laß es mich jetzt wissen. Sonst düse ich nämlich mal wieder davon." Damit ist Anna einverstanden. Sie ist vorerst mit Tips gut versorgt und verspricht, sich wieder zu melden, wenn es nötig ist.

„Und natürlich sag ich dir, welche Note ich habe, wenn wir die Nachschrift herausbekommen", ruft Anna der Zauberfee nach. Die dreht sich noch einmal um, nickt und ist dann verschwunden.

Fazit:

Bei der Prüfung selbst können Sie als Mutter/Vater wenig tun. Sie können allerdings vorher Ihr Kind fragen, wie Sie es unterstützen können und dies gezielt tun.

Kapitel 9

Zu guter Letzt – Neues von Anna und der Zauberfee

Zum Abschluß will ich Ihnen noch eine Prioritätenliste vorstellen, die gewissermaßen einen Überblick im „Dschungel" der verschiedenen Tips bieten soll.

Das Ziel aller Praxistips ist, daß Ihr Kind Schule, Lernen und was damit zusammenhängt, in Balance erlebt.

Sie erinnern sich, Balance ist jener Zustand, wenn wir das Gefühl haben, alles fließt, geht wie von selbst etc. Wir fühlen uns wohl, beschwingt, sind ausgeglichen, voller Vertrauen und Energie. Diesen Zustand möglichst oft, vielfältig und leicht zu erreichen, ist Anliegen der Tips. Alle Tips sind Anregungen, die sich in der Praxis bewährt haben, um Ihnen bzw. Ihrem Kind zu diesem Zustand zu verhelfen. Sie fragen vielleicht, warum es nicht genügt, einen Anker zu setzen und damit diesen Zustand auszulösen. Das ist natürlich richtig. Doch einen Weg zu einem Zustand zu haben ist, wie ein Handwerkszeug in der Werkzeugkiste zu haben. Dieses Bild der Werkzeugkiste will ich noch weiter ausführen.

Die Methoden des NLP will ich hier mit einer Werkzeugkiste vergleichen. Eine Methode oder ein Tip entspricht dabei einem Werkzeug, sagen wir einem Hammer. Mich mit einem Hammer an eine Arbeit zu machen, ist natürlich für diverse Aufgaben schon einmal besser als ohne Hammer. Doch wenn ich in der Werkzeugkiste auch noch Säge, Schraubenzieher, Nägel, Schrauben, Feilen, Phasenprüfer etc. habe, kann ich wesentlich mehr Arbeiten erledigen. Entsprechend sind in diesem Buch mehrere Tips vorgestellt.

Meine Erwartung an meine Werkzeugkiste ist, daß ich mit Hilfe der Werkzeuge die anstehenden Arbeiten möglichst gut erledigen kann. Je besser ich also mit einem Werkzeug umgehen kann – im NLP je mehr Erfahrung ich mit einer Methode, einem Tip habe – desto schwieriger können die Arbeiten sein, die mir gelingen. Je häufiger ich ein Werkzeug, eine Methode anwende, desto geschickter werde ich im Handwerken, im bewußten Herbeiführen eines Balance-Zustandes allgemein. Das gilt für den Umgang mit den einzelnen Werkzeuge wie auch für den Umgang mit allen Werkzeugen. Je mehr Werkzeuge ich außerdem zur Verfügung habe – mit denen ich natürlich auch wieder umgehen können muß – desto mehr Arbeiten allgemein kann ich erledigen, desto besser, vielseitiger, leichter, schneller, nachhaltiger kann ich mich in einen Balance-Zustand bringen.

Auf NLP bezogen entsprechen die Werkzeuge zum Beispiel folgenden Tips.

Im **festgefahrenen Zustand** stellen Sie fest, daß Sie mit einem Hammer schlecht sägen können und ärgern sich vielleicht über den Hammer, schimpfen womöglich über Ihre eigene Ungeschicklichkeit, lehnen gewisse Arbeiten grundsätzlich ab, weil Sie sie sich nicht zutrauen bzw. weil Sie auch schon die „Grenzen des Hammers" leidvoll erlebten.

Der **Unterbrecher** ist gewissermaßen der objektive Blick in die Werkzeugkiste, eine Bestandsaufnahme, bei der Sie feststellen können, was Sie tun wollen und was Sie dazu brauchen.

Anker sind sozusagen die Joker unter den Werkzeugen, die Sie immer einsetzen können, wenn Sie wissen, welche Eigenschaft oder welchen Zustand Sie erleben wollen.

Manche Arbeiten sind besonders fein und diffizil und erfordern deshalb erhöhte Aufmerksamkeit. Gewissermaßen Lupen oder feine Feilen. Bei solchen Aufgaben muß ich **im feinen Bereich wahrnehmen** und ganz genau hinschauen und hinfühlen, damit ich diese Feinheiten auch wahrnehme. Die einzelnen Sinne sind dabei wie die einzelnen Teile eines Mobile. Alle sind miteinander verbunden. Wenn ich an einem Teil etwas ändere, beeinflusse ich damit in der Regel das Gleichgewicht des ganzen Mobiles. Die Leitfrage im Umgang mit den Feinheiten der Wahrnehmung ist dabei immer: **Wie muß sich etwas verändern, damit es mir angenehm ist, damit ich in Balance komme?** Mit Hilfe dieser Feineinstellung der Wahrnehmung kann ich mir die Arbeiten angenehmer machen.

Oft ist es nützlich, Arbeiten **in Gedanken vorwegzunehmen.** So können Ungeschicklichkeiten vermieden werden. Wir tun dies alle laufend im Alltag, wenn wir zum Beispiel bei verschiedenen Besorgungen oder Erledigungen im voraus überlegen, welche Reihenfolge sich anbietet, und die Erledigungen gedanklich so durchspielen, wie wir sie dann ausführen. Je gründlicher wir außerdem planen und je besser wir darauf achten, dabei in Balance zu bleiben und uns auch schon im voraus zu überlegen, was wir für unsere Balance tun können, desto höher ist die Wahrscheinlichkeit, daß uns die Dinge gelingen, was wiederum den Balance-Zustand stärkt und unterstützt...

Deshalb wünsche ich Ihnen einen möglichst kreativen Umgang mit den einzelnen Praxistips und eine geschickte Kombination der einzelnen Tips miteinander. In der Beratungspraxis war es immer wieder erstaunlich, wie Kinder und Eltern die Tips aufnahmen und für sich anwandten und auch abwandelten. In diesem Sinne wünsche ich Ihnen viel Spaß und oft und intensiv in Balance zu sein...

Neues von Anna und der Zauberfee

Eine ganze Weile lang sieht und hört Anna nichts mehr von der Zauberfee. Sie wendet fleißig die Tips an und probiert auch neue Möglichkeiten aus. Da taucht die Zauberfee eines Tages wieder vor Annas Fenster auf.

„Hallo Anna", grüßt die Zauberfee, „wie geht es dir und was macht die Schule? Denkst du noch an unsere Begegnungen? Erzähl doch mal, was du so treibst?" Anna freut sich sehr, die Fee wieder zu sehen und fängt ganz begeistert an zu berichten: „Ja, also diese Tips, die mache ich jetzt schon, ohne es mir vorzunehmen. Das geht einfach so von selbst. Ich sehe schon gar keine schwarzen Buchstaben mehr, die sind automatisch bunt, und ich verändere die Größe, wie ich an jedem Tag gerade Lust habe, meine Buchstaben sehen jeden Nachmittag anders aus. Das ist vielleicht eine Abwechslung, und bei den Rechenaufgaben... und in den Proben..."

„Huiui, du sprudelst ja richtig", unterbricht sie die Zauberfee lachend. „Ja ja, da hat sich nämlich was ganz Tolles ergeben. Aber das erzähle ich dir der Reihe nach, und du darfst mich nicht unterbrechen", fordert Anna. Die Zauberfee ist einverstanden, stellt aber vorher, wie es so ihre Art ist, noch eine Frage: „Damit du mich nicht gar so sehr auf die Folter spannst, sag mir nur im voraus, ob dir die Tips geholfen haben?" „Jajaja", ruft Anna ganz entschieden und hüpft auf und ab. „Wenn ich auch mal ausreden dürfte, dann hätte ich dir schon längst alles erzählt. Aber du fragst so viel, hör **du** mir bitte heute einmal zu!" Die Zauberfee ist erleichtert über Annas Antwort und gleichzeitig noch viel gespannter als vorher. Sie macht es sich bequem und lauscht dann ganz aufmerksam Annas Erlebnissen.

„Ja, also in der Nachschrift habe ich besser abgeschnitten als vorher. Da war ich schon mächtig stolz auf meine gute Note. Mama und Papa waren auch sehr erfreut und erstaunt. Herr Hofmann hat mir ja auch ein Sternchen drunter geschrieben. Aber die Nachschrift ist ja schon lange wieder vorbei. Das war ja eigentlich erst der Anfang. Und der war ja fast noch gar nichts. Das Beste kommt erst noch. Ich wette mit dir, das errätst du nie, was noch alles passiert ist." Die Zauberfee rutscht ganz unruhig auf ihrem Sitz herum und hält es vor lauter Neugier schon gar nicht mehr aus.

Anna spannt sie nicht mehr länger auf die Folter und erzählt weiter: „Nach der Nachschrift habe ich Benedikt ganz ausführlich von dir erzählt. Der war auch gleich höchst neugierig. Er hat nämlich auch gemerkt, daß ich irgendwie anders war. Klar, jetzt geht ja alles viel leichter, und ich bin in besserer Stimmung. Als ich von ‚Zauberfee' sprach, hat er erst die Nase gerümpft. Auf eine Fee hatte er keine Lust. Da fragte ich ihn, ob er denn Lust hätte, einen Magier oder Kobold Schlau zu treffen. Ich hab einfach geflunkert, daß das Mitarbeiter von dir im Forschungszentrum sind. Dann wollte Benedikt mitmachen. Ich wollte ja auch Manuel gerne davon erzählen, wo doch jetzt sein Rücken so wichtig für mich ist. Da wäre es mir fies vorgekommen, ihm nicht auch davon zu erzählen. Aber der hatte keine Lust. Doch Lisa und Tobi standen noch dabei. Die haben alles mitgehört. Die waren auch neugierig und wollten dich oder Kobold Schlau auch treffen. Ich wußte aber nicht, wie ich das machen sollte.

Darum habe ich ihnen vorgeschlagen, daß sie an einem Nachmittag zu mir nach Hause kommen und wir dann Zauberfee/Kobold Schlau-Schule spielen. Sie wollten alles genau so erfahren, wie ich es von dir erfahren habe. Die haben richtig gequengelt. Sie sagten, ich soll so tun, als sei ich du und Kobold Schlau gleichzeitig und mich dann einfach mit ihnen unterhalten. Mama war einverstanden. Der haben wir nicht alles so ganz ausführlich erzählt, nur von einem Experiment und so, und letzte Woche kamen sie dann zu mir. Ich war ganz schön aufgeregt, denn so oft hatte ich dich ja schließlich auch noch nicht gesehen. Ich erzähl dir mal, was ich mit Ihnen gemacht habe.

Also zuerst habe ich sie gefragt, in welcher Stimmung sie Hausaufgaben machen und an die Schule denken. Die war bei allen nicht so ganz der Hit. Dann hab ich ihnen gesagt, sie sollen irgend etwas machen, damit sie aus dieser Stimmung herauskommen, Seilhüpfen, aufstehen und tief atmen, sich zurücklehnen, auf einen Stuhl steigen, sich ein paar Mal im Kreis drehen, ein Rad schlagen, einen Handstand machen oder auch nur für einen Moment die Augen zumachen, in eine andere Ecke des Zimmers gehen oder auch kurz aus dem Zimmer gehen und all solche Sachen. Hanna stellte fest, daß bei ihr Hüpfen am besten war, Benedikt wollte einfach nur aufstehen und sich schütteln. Von Tobi weiß ich es nicht mehr so genau. Und dann hab ich ihnen die Aufgabe gestellt, sich an etwas zu erinnern, was sie jetzt gut können und was ihnen Spaß macht, was anfangs für sie nicht so leicht war. Benedikt dachte natürlich an Schwimmen, das hätte ich vorhersagen können, die Wasserratte. Für Tobi war es Fußballspielen, auch das hatte ich mir gedacht. Für Hanna war es Handballspielen und Flöte spielen. Für Manuel war es Handballspielen. Dann sollten sie

sich ganz toll vorstellen, wie sie das machen und wieviel Spaß es macht und daß es leicht geht.

Dann hab ich ihnen gesagt, das ist jetzt euer Kompaß. An den könnt ihr euch immer halten! Denn bei all diesen Sachen wißt ihr, daß ihr etwas könnt und daß ihr lernen könnt und wie die Sachen sich anfühlen, wenn sie Spaß machen und leicht gehen. Und für alles andere, was ich euch jetzt noch sage oder was ich euch jetzt noch frage, ist dieses Gefühl der Kompaß. Das hat ihnen eingeleuchtet. So ein super Werkzeug der Kompaß. Erst mal toll an sich und dann auch noch ganz oft einzusetzen!

Für das Lesen fragte ich sie, wie die Buchstaben aussehen und klingen und sich anfühlen müßten, damit sie ihnen angenehm sind, damit das tolle Kompaßgefühl wieder kommt. Und auch, wie weit die Buchstaben weg sein müßten.

Für das Schreiben erzählte ich ihnen von meiner Schatztruhe. Ich habe Manuel auch erzählt, daß ich mir die Wörter auf seinen Rücken geschrieben vorstelle. Das macht er nicht, denn er mag Oliver, der vor ihm sitzt, nicht besonders. Manuel stellt sich vor, für ihn stehen die Wörter in der linken oberen Ecke im Klassenzimmer vor dem Vorhang. Damit kommt er gut zurecht. Benedikt und Hanna bauen sich eine Schatztruhe. Benedikt schreibt die Wörter mit der Hand, mit grünem Stift. Hanna macht sie mit dem Computer in Schreibschrift auf lila Papier. Und sie waren sich alle einig, daß einem das ja gesagt werden muß, daß man nicht auf den Klang eines Wortes hören darf, sondern sich die Buchstaben einprägen muß. Die kleinen Hausaufgabenhäufchen kamen auch gut an.

Puh! Ich hab schon einen ganz trockenen Mund vom Reden, ich brauche mal einen Schluck Hausifix. Die Idee gefiel ihnen auch." Anna trinkt in großen Schlucken das ganze Glas leer.

„Bei der Prüfungsvorbereitung haben sie zuerst nicht so ganz verstanden, warum es wichtig sein soll, in guter Stimmung zu sein und diese Stimmung auch zu üben. Aber dann erzählte ich ihnen das Beispiel vom Sport, und da leuchtete es ihnen ein. Hanna fand blöd, daß sie sich vorstellen sollte, jemand anders zu sein. Hanna und Manuel stellten sich dafür vor, ein Computerlernspiel zu erfinden. Aber Tobi und Benedikt waren sofort Sportreporter und hatten großen Spaß dabei, sich Berichte auszudenken, in die sie die Lernwörter einbauten. Da kamen vielleicht komische Geschichten heraus. Wir haben total gelacht dabei. Und dann habe ich ihnen Fragen gestellt, daß sie die Prüfung schon „probten", sozusagen eine Trainingsnachschrift. Das war gut. Wir haben immer wieder gelacht, und wenn Herr Hofmann das Wort Nachschrift sagt, schauen wir uns an und grinsen. Wie ein Geheimclub. Bisher haben wir noch nichts verraten. Ja, und die Klassenarbeiten seitdem waren ziemlich leicht für uns. Immer noch nicht unser Hobby, aber auf jeden Fall gut erträglich. Die anderen in der Klasse merken schon, daß da was im Busch ist. Vielleicht weihen wir noch einige Kinder aus der Klasse ein, denn es wäre doch schade, wenn die das nicht wissen. Vielleicht erzähle ich sogar einmal Herrn Hofmann davon und frage ihn, ob ich nicht einmal für die ganze Klasse Zauberfee sein darf, vielleicht zusammen mit Benedikt, Hanna, Manuel und Tobi, natürlich auch Kobold Schlau. Benedikt will bestimmt Kobold Schlau sein..."

Uff, jetzt ist Anna mit ihrem Bericht fertig. Die Zauberfee strahlt sie an vor Freude und jubelt: „Das habe ich mir ja in meinen kühnsten Träumen nicht ausgemalt. Da siehst du mal, wie leicht man plötzlich zu einer Zauberfee werden kann. Nur ein paar geschickte Fragen..." Die Zauberfee strahlt, und Anna ist auch ganz stolz und glücklich. So sitzen sie noch eine Weile beieinander und sprechen über ihre weiteren Pläne. Die sind aber bisher noch geheim...

Fazit:

Ich wünsche Ihnen und Ihrem Kind/Ihren Kindern viel Spaß und Erfolg mit allen Tips und möglichst viele, dauerhafte und wunderbare Balance-Zustände...

Zum Abschluß

Wir freuen uns über Rückmeldung von Ihnen, wie Ihnen unser Buch gefallen hat, und wie Sie und Ihr Kind von den Gedanken, Ideen und Tips in diesem Buch profitiert haben. Wenn Sie Anregungen mitnehmen für Ihren Alltag, dann hat das Buch sein Ziel erreicht.

Daniela Blickhan
Inntal Institut
Asternweg 10a
83109 Großkarolinenfeld
Tel. 08031/50601 Fax 08031/50409
www.inntal-institut.de
Wenn Sie mehr über die Anwendungsmöglichkeiten von NLP wissen möchten, schreiben Sie mir. Wir bieten regelmäßig Seminare und NLP-Fortbildungen an.

Isolde Seidel
Herrenstraße 18
90599 Dietenhofen
Tel. 0911 619258 Fax 09824/201
Ich biete Lernberatungen an: Vorträge, Einzelsitzungen, fortlaufende Kurse und Workshops für Kinder und Eltern. Wenn Sie mehr darüber wissen möchten, schreiben Sie mir.
Unter dieser Adresse erhalten Sie auch die CD mit der Anna Anders-Geschichte.

Weiterführende Literatur

Blickhan, C.und D.: Denken, Fühlen, Leben. Vom bewußten Wahrnehmen zum kreativen Handeln mit NLP. Landsberg/Lech: mvg, 5. Aufl. 1997

Blickhan, D.: Mit Kindern wachsen. NLP im Alltag. Paderborn: Junfermann 1997

Blickhan, D.: Nerv nicht so, Mama! Wie Eltern sich und ihren Kindern mit NLP helfen können. Freiburg: Herder 1997

Elschenbroich, G.: Du machst mich noch verrückt. Hilfen für unruhige Kinder und Eltern. Freiburg: Herder

Feichtenberger, C.; Wechborn, S.: Lerntechniken – Tips und Tricks für ganzheitliches Lernen. Wien: Neuer Breitschopf Verlag, 1995

Fritz, K.: Ein Sternenhimmel voll Vertrauen. München: dtv, 1998

Gordon, T.: Die neue Familienkonferenz. Hamburg: Hoffmann und Campe, 1993

Gordon, T.: Familienkonferenz. Hamburg: Hoffmann und Campe, 1972

Kaufmann-Huber, G.: Kinder brauchen Rituale. Freiburg: Herder, 9. Aufl. 1998

Seyfert, S.: Entspannte Kinder lernen besser. Freiburg: Herder/Spektrum Nr. 4637, 1998

Seyfert, S.: Entspannung für gestreßte Mütter. Freiburg: Herder, 1998

Seymour; O'Connor, J.: NLP – Gelungene Kommunikation und persönliche Entfaltung. Freiburg: VAK, 1992

Skynner, R. und Cleese, J.:... Familie sein dagegen sehr. Paderborn: Junfermann, 1988

Zimmer, K.: Versteh mich doch bitte! Über die alltäglichen Mißverständnisse zwischen Eltern und Kindern. München: Kösel, 1992

Zoller, E.: Die kleinen Philosophen. Vom Umgang mit „schwierigen" Kinderfragen. Freiburg: Herder, 1995

Gewußt wie!

Daniela Blickhan
Nerv nicht so, Mama!
Wie Eltern sich und ihren Kindern mit NLP helfen können
Band 4535
Schwierige Kinder gibt es nicht! Es gibt jedoch schwierige Situationen.
NLP hilft, die Kinder besser zu verstehen.

Marianne Scholl
Spaß beim Lernen
Bessere Konzentration mit Yoga und Kinesiologie
Band 4681
Einfache Bewegungen bringen das Denken und die Konzentration in Fluß. Damit macht das Lernen Spaß.

Renate Feuerlein
Du kannst es
Erfolgreich lernen mit Kinesiologie
Band 4680
Übungen und Geschichten zur Konzentration, zur Beruhigung, aber auch zur Aktivierung.

Uta Brückner / Heike Friauf
Der Schritt in die weiterführende Schule
Die beste Wahl für mein Kind
Band 4623
Der kompetente Ratgeber für Eltern, die sich auch nach der Grundschulzeit hinter ihr Kind stellen, statt es der Schule nur mehr oder weniger auszuliefern.

Christina Buchner
Kluge Kinder fallen nicht vom Himmel
Was Eltern alles tun können
Band 4573
Was zu welchem Zeitpunkt wichtig und richtig ist, zeigt Christina Buchner an vielen praktischen Beispielen, Tips und Übungen.

Walter Pacher
Wenn Kinder keine Grenzen kennen
Konflikte lösen ohne Machtanwendung
Band 4494

Wie die Methode der Familienkonferenz erfolgreich sein kann, zeigt Walter Pacher mit vielen Beispielen und Übungen.

Maria Montessori
Lernen ohne Druck
Schöpferisches Lernen in Familie und Schule
Band 4371

Ein Buch, das zeigt, wie Kinder selbst entscheiden und gut vorankommen können.

Sabine Bernau
Hilfen für den Zappelphilipp
Das Selbsthilfe-Elternbuch
Band 4368

Alle notwendigen Informationen zur Hyperaktivität. Erfahrungsberichte von Eltern und Tips zur Selbsthilfe.

Edith-Maria Soremba
Legasthenie muß kein Schicksal sein
Was Eltern tun können, um ihren Kindern zu helfen
Band 4350

Schreib- und Leseschwächen sind häufig die Ursache für Versagen in der Schule. Hier wird gezeigt, wie man das angeschlagene Selbstbewußtsein des Kindes aufbauen kann, damit es wieder Spaß am Lernen gewinnt.

Roswitha Defersdorf
Ach, so geht das!
Wie Eltern Lernstörungen begegnen können
Band 4243

Damit die Lust am Lernen nicht zum Frust wird: Erprobte Hinweise, wie Eltern ihrem Kind helfen können, Lernblockaden abzubauen.